TEXAS

Insignia en conmemoración
de las misiones del
trasbordador espacial

David Crockett

Sam Houston

Botón de la
campaña
electoral
presidencia
de 1952

Colonos
en su
carreta

Zopilote
negro

Caimán
americano

Mariposa
monarca

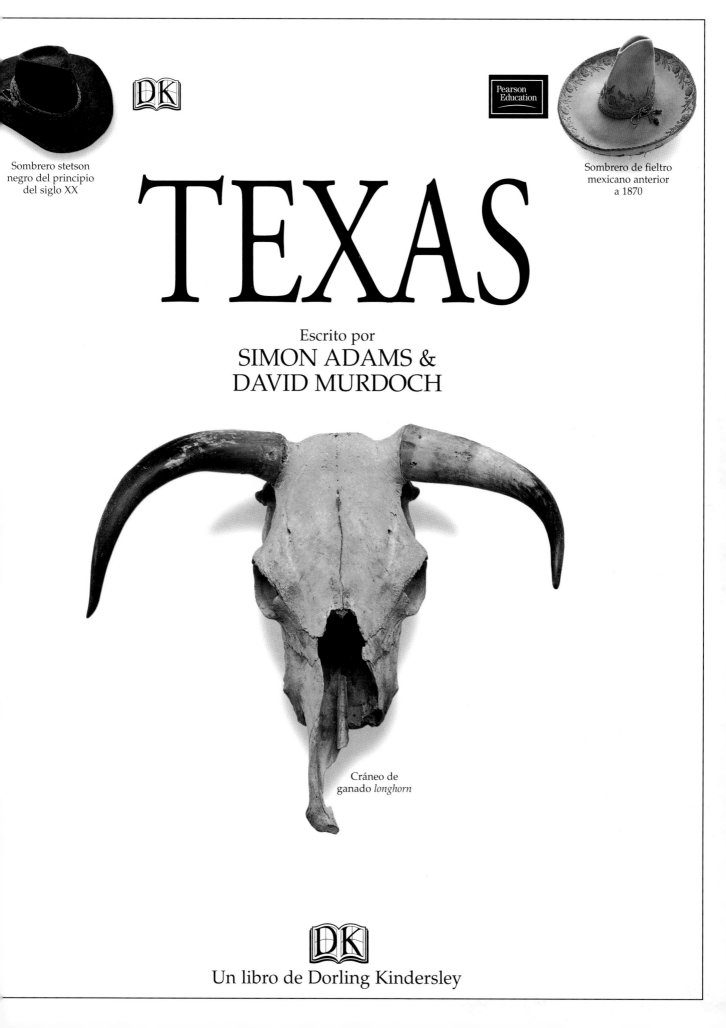

Sombrero stetson
negro del principio
del siglo XX

Sombrero de fieltro
mexicano anterior
a 1870

Pearson
Education

DK

TEXAS

Escrito por
SIMON ADAMS &
DAVID MURDOCH

Cráneo de
ganado *longhorn*

DK

Un libro de Dorling Kindersley

Guante y pelota de béisbol

LONDON, NEW YORK, MUNICH,
MELBOURNE, and DELHI

Jinete de ro
en la hebill
un cintur

Billete de 100 dólares de la
República de Texas

Estampida en
el camino

For DK Publishing, Inc.
Editorial director Linda Martin
Art director Simon Webb

**English-language edition
designed and edited
for DK Publishing, Inc. by Bookwork**
Project editor Louise Pritchard
Art editors Jill Plank, Kate Mullins
Editor Annabel Blackledge
Picture researcher Alan Plank

Production Jenny Jacoby
DTP designer Siu Yin Ho
Jacket designer Richard Czapnik

For Pearson Education
Editor Paul Osborn
Design manager Kristen Wing
Production Scott Foresman Electronic Production

This Eyewitness ® Guide was
conceived by Dorling Kindersley Limited

This edition published in the United States by
Pearson Education, Inc. and DK Publishing Inc.
375 Hudson Street
New York, New York 10014

1 2 3 4 5 6 7 8 9 10 09 08 07 06 05 04 03

Copyright © 2003 compilation
Dorling Kindersley Limited
Copyright © 2003 Spanish text
Pearson Education, Inc.

A catalog record for this book is available
from the Library of Congress.

ISBN 0-7894-9744-1

Color reproduction by Colourscan, Singapore
Printed in China
by Toppan Co., (Shenzhen) Ltd.

Discover more at www.dk.com

Espuelas de
vaquero

Gorra y
chaqueta de
un soldado
confederado

Broca par
extracció
petróle

Puma

Contenido

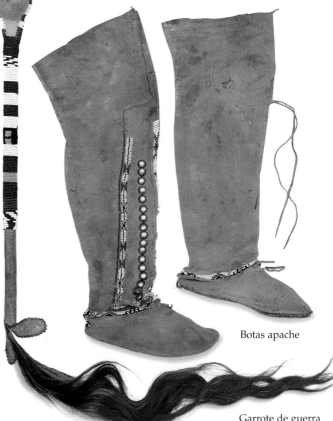

Botas apache

Garrote de guerra
apache

6
¿Qué es Texas?

8
Símbolos de Texas

10
Las Llanuras Centrales

12
Las Grandes Llanuras

14
Montañas y Cuencas

16
Las Llanuras Costeras

18
El río Grande

20
El clima

22
Austin: La capital de Texas

24
Indígenas norteamericanos

28
La exploración de Texas

30
Los colonos en Texas

34
Texas a principios del siglo XIX

36
A mediados del siglo XIX

38
A finales del siglo XIX

40
Vida de vaquero

42
En el campo abierto

44
El ferrocarril

46
Oro negro

48
Texas en el siglo XX

52
La agricultura y la pesca

54
Alimentos para todos

56
Centro de comando, Houston

58
La música y el baile

60
El espíritu deportivo

62
Celebraciones

64
Índice

¿Qué es Texas?

TEXAS ES UNO de los 50 estados en los Estados Unidos de América. Es el segundo estado en número de habitantes después de California y en él se encuentran tres de las diez ciudades más grandes del país: Houston, Dallas y San Antonio. El estado tiene paisajes espectaculares: vastas llanuras de pastos, grandes bosques, amplias extensiones de desierto, una larga costa y altas montañas. También tiene una inmensa variedad de animales y plantas silvestres.

GRAN TEXAS
Texas es el segundo estado más grande de la unión, después de Alaska. Es más grande que cualquier país de Europa, excepto Rusia. Es tan grande que se extiende a través de dos husos horarios.

EL ESTADO DE TEXAS
El estado de Texas cubre un total de 267,227 millas cuadradas. Mide 801 millas de norte a sur y 773 millas de este a oeste. Limita con los estados de Nuevo México al oeste, Oklahoma al norte y Arkansas y Luisiana al este. Al sur de Texas está México.

LAS SEIS BANDERAS
Durante su historia, seis banderas diferentes han ondeado sobre Texas. Son las banderas de España, Francia, México, la República de Texas y la Confederación. La sexta es la bandera de barras y estrellas de los Estados Unidos.

LA ESTRELLA SOLITARIA
Los texanos están orgullosos de su gran estado y reciben con amabilidad a sus numerosos visitantes. Lo llaman el "Estado de la Estrella Solitaria", por la bandera que usó la República de Texas.

EN FORMA DE SARTÉN
Texas se ubica al sur de los Estados Unidos. El extremo norte del estado se conoce como el *Panhandle* porque parece un mango (*handle*) que sostiene la sartén (*pan*) de Texas.

LA INDUSTRIA PETROLERA
El 10 de enero de 1901, un inmenso pozo de petróleo hizo erupción en Spindletop, al sureste de Texas. Hoy en día Texas es el mayor productor de petróleo de los Estados Unidos y el quinto del mundo.

MÚSICA
Por todo Texas se puede escuchar una amplia variedad de música: desde *country* y *blues* hasta *rock* y *Tex-Mex*. Texas promociona a Austin como la "Capital Mundial de la Música".

"La primera señal de que alguien se está convirtiendo en un verdadero texano es esa primera gran compra de sombreros y botas de vaquero".

JAMES MICHENER
Escritor

GANADO
Los rancheros usan hierros como éstos para marcar el ganado. Texas es famoso por sus amplios ranchos y por sus manadas de ganado vacuno. La producción ganadera es una de las principales industrias del estado.

CENTRO ESPACIAL
El centro de la industria espacial de los Estados Unidos está en Texas. El Centro Espacial Lyndon B. Johnson (*Lyndon B. Johnson Space Center*) se encuentra en Houston y es operado por la NASA (Administración Nacional de Aeronáutica y del Espacio.) El estado también cuenta con una próspera industria informática, junto con otras industrias de alta tecnología.

Símbolos de Texas

LAS FLORES DE SO...
El lupino azu...
(*bluebonnet*) recibe su
nombre en inglés po...
sus flores azules d...
forma parecida a u...
bonete o sombrero
antiguo d...
mujer. Er
primavera, e
lupino
alfombra
lo
campo
con su
luminosa
flores azules

LA ESTRELLA SOLITARIA
Desde 1836 hasta 1845, Texas era una nación independiente. Su bandera, que lleva la Estrella Solitaria, todavía se puede ver por todo el estado.

CADA ESTADO de la unión tiene sus propios símbolos y Texas no es una excepción. Además de los símbolos que se muestran en esta página, Texas tiene su propia fruta del estado (la toronja roja), vegetal (la cebolla dulce), pasto (la grama "*sideoats*"), reptil (la lagartija astada de Texas), mamífero volador (el murciélago mexicano), pez (la perca de Guadalupe) y piedra (la palmera petrificada). Y hasta tiene un caracol del estado, el buccino relámpago.

La mariposa monarca tiene una envergadura de hasta 4 pulgadas

EL NOPAL MULTICOLOR
La planta del estado es el nopal que crece por todo el oeste del estado. Da flores amarillas, rojas, anaranjadas o violetas durante la primavera y el verano.

VOLADORA DE LARGA DISTANCIA
La mariposa monarca es el insecto del estado de Texas. En el invierno hace un viaje de 2000 millas al sur desde Canadá a México o California. Las hembras ponen sus huevos en su viaje de regreso, muchos de ellos en Texas.

MAMÍFERO CON CAPARAZÓN
El mamífero pequeño del estado es el armadillo de nueve bandas. Es del tamaño de un perrito y está protegido por un caparazón óseo. Usa su desarrollado sentido del olfato para encontrar comida.

Topacio cortado y cristal de topacio sin pulir

EL TOPACIO AZUL DE TEXAS
La piedra preciosa topacio azul se usa para hacer joyas. El mineral del estado es azulado, pero lo hay en amarillo, anaranjado, rojo, verde o transparente.

El armadillo de nueve bandas es el único armadillo que vive en América del Norte

PROTEGIDO POR EL ESTADO
El ganado *longhorn* de Texas recibe
su nombre por sus largos cuernos.
Es el mamífero más grande del
estado. Hace un siglo empezó a
extinguirse tanto que el estado
formó una manada oficial en 1927.

NUEZ DULCE
El nogal se convirtió en el árbol
del estado en 1919. Sus nueces
(pacanas) se usan con frecuencia
en pasteles, dulces y rellenos.
Texas es el principal
productor de pacanas
nativas.

*Al incluir la cola, el
armadillo puede
llegar a medir hasta
35 pulgadas de largo*

**EL
IMITADOR DEL
ESTADO**
El sinsonte es el
pájaro del estado.
Puede imitar los cantos
de todos los demás
pájaros de Texas. ¡Imita
además los silbidos y sirenas
de los trenes, barcos y
automóviles!

*El animal se
puede enrollar
parcialmente
para defenderse*

Las Llanuras Centrales

LAS LLANURAS CENTRALES de Texas se elevan desde la Gran Pradera en el este hasta las Llanuras Ondulantes del oeste. Al norte, las Llanuras Centrales llegan hasta el río Red. Al sur de las llanuras está el río Colorado. Dos delgadas franjas de bosques, conocidas como los Cross Timbers ("maderos en cruz") Occidentales y Orientales, atraviesan las llanuras. Las dos ciudades más grandes son Fort Worth y Abilene.

HUELLAS DE DINOSAURIO
Hace más de 110 millones de años, dinosaurios como el tiranosaurio vagaban por Texas. Algunas de sus huellas se pueden ver en el Parque Estatal de Dinosaur Valley cerca de Glen Rose.

RICAS LLANURAS
Las tierras de las Llanuras Centrales son ideales para criar ganado y cultivar algodón, maíz y fruta. Además se encuentran pozos petroleros porque hay ricos yacimientos de petróleo en el subsuelo de las Llanuras Ondulantes.

Zacate chino y pozo petrolero cerca de Ira

GRANDES OREJAS
La liebre grande de cola negra tiene orejas largas que usa para escuchar a sus enemigos. Las orejas también le sirven como radiadores para eliminar el calor excesivo de su cuerpo.

VIDA DE PUEBLO
El perro de la pradera de cola negra recibe su nombre por el grito o ladrido que da cuando está alarmado. Come el pasto de la pradera y vive en colonias grandes llamadas "pueblos". Hiberna durante los meses de invierno.

TREPADOR DE ÁRBOLES
El zorro gris es único porque puede trepar árboles. Usa sus garras fuertes y encorvadas para desplazarse por las ramas.

DOS EN UNO
El chicalote es muy común en las llanuras. Sus hojas se parecen a las del cardo, mientras que sus perfumadas flores blancas o amarillas, parecen amapolas.

CEJAS DE GRAMA
Uno de los pastos más comunes que crecen en las llanuras es la grama azul o zacate navajita. ¡Crece hasta 20 pulgadas de alto y tiene cabezas de semilla curvadas que se parecen a las cejas humanas!

Hojas de roble macrocarpa

LA BELLOTA GIGANTE
El roble macrocarpa tiene las bellotas más grandes de cualquier roble en América del Norte: tienen hasta 2 pulgadas de largo. El árbol puede crecer hasta 130 pies de alto.

LA SERPIENTE ENROSCADORA
Texas es el hogar de más de 100 tipos de serpientes. La serpiente del maizal muerde primero y luego se enrosca alrededor de su víctima para asfixiarla. Después se la come.

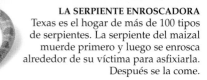

Pupila horizontal especial para la visión diurna

Oreja grande

LA BRAMADORA
La rana toro es la rana más grande de América del Norte. Crece hasta 8 pulgadas de largo y tiene patas hasta de 10 pulgadas. Los machos atraen a las hembras con un fuerte y retumbante bramido.

SURCAR EL CIELO
El zopilote negro tiene una mancha blanca en la punta de sus alas. Pasa su tiempo surcando el cielo o emperchado en los árboles muertos.

Las Grandes Llanuras

LAS GRANDES LLANURAS de América del Norte se extienden desde el sur de Canadá bajando hasta México. Ocupan la parte oeste de Texas desde el *Panhandle* al norte, hasta la cuenca Llano y la meseta Edwards al sur. Por el este, el acantilado Caprock separa las Grandes Llanuras de las Llanuras Centrales. Sus ciudades principales son Lubbock y Amarillo.

PANORAMA FLORIDO
La malva *fringed poppy* (amapola orlada) le da un toque de color a las llanuras. Sus flores de color rojizo morado destacan entre los verdes y amarillos de las muchas y variadas gramas.

ABEJAS, ¡A COMER!
La salvia azul es común en las Grandes Llanuras. Crece hasta 4 pies de alto y sus flores azuladas producen abundante néctar que atrae a las abejas.

CASCABEL PELIGROSA
La serpiente de cascabel diamante del Oeste es una de las más peligrosas de América del Norte. Es la serpiente más común en Texas. Crece hasta más de 5 pies de largo.

BEBEDORA DE NÉCTAR
La mariposa amarillo limón vive en los campos y en los bordes de las carreteras donde toma el néctar de las flores que crecen allí. El macho es de color amarillo intenso y la hembra es amarilla o blanca.

Cascabel con escamas especiales

Cuerpo ágil como el del gato

Inmortal y lupinos azules en Texas Hill Country

LADRÓN DE BASURA
Al mapache de cola a rayas le gusta meter sus largas garras en un cubo de basura para buscar los desechos de comida. En invierno, su espeso pelaje lo ayuda a mantenerse abrigado.

ZONA DE COLINAS
La meseta Edwards es elevada, llana y con muchas colinas, por lo que recibe el nombre de Texas Hill Country ("zona de colinas"). Allí crecen muchas flores silvestres y la zona sirve de hogar a una gran variedad de animales.

FLORES DE FUEGO
La gallardía es muy común por todo Texas y en el sur de los Estados Unidos. El color de sus pétalos va desde el rojo oscuro hasta el escarlata, con puntas amarillas o anaranjadas.

POR TODO LO ALTO
El águila de cabeza blanca, ave nacional de los Estados Unidos, se ve volando a gran altura en las Grandes Llanuras. Cuando el macho y la hembra se cortejan, vuelan juntos, se toman de las garras y dan un salto en el aire.

Huevo de águila de cabeza blanca

Las águilas matan su presa con las garras

LA MADRIGUERA PRESTADA
La lechuza llanera no hace su propio nido. En cambio, se adueña de una madriguera abandonada de una ardilla listada u otro mamífero. De vez en cuando excava su propia madriguera.

COMIDA AL PASO
Algunos animales, como pájaros y ratones, deben proteger sus vidas cuando aparece un esmerejón hambriento. Éste vuela cerca del suelo y luego baja súbitamente a matar.

Montañas y Cuencas

El OESTE de Texas es un área de montañas altas y cuencas del desierto. Aquí se encuentra el pico Guadalupe que es una de las montañas del Parque Nacional Guadalupe Mountains y el punto más alto de Texas, a 8749 pies sobre el nivel del mar. El desierto de Chihuahua está al este de las montañas. La única ciudad grande en la región es El Paso. Está ubicada al otro lado del río Grande frente a México.

HORA DE LOS ESTADOS MONTAÑOSOS
El oeste de Texas se encuentra en un huso horario diferente al del resto del estado. Cuando son las 7:00 en Austin, son sólo las 6:00 en El Paso.

LA PLAGA ROSADA
Esta polilla de puntos rosados es una hermosa polilla, sin embargo, es una plaga del camote, así que en Texas se conoce como el gusano del camote.

ALAS EXTENSAS
Con su color anaranjado brillante y las extensiones puntiagudas de sus alas posteriores, la mariposa *daggerwing* (de alas con dagas) es fácil de encontrar. Se alimenta del néctar del algodón de seda, higos podridos y otras frutas.

Los ojos en el frente le permiten al halcón juzgar profundidad y distancia

HORA DE ALMORZAR
El aguililla cola roja vuela muy alto por el cielo en busca de una presa en tierra. Una vez que ve un mamífero, pájaro, reptil o insecto grande, vuela hacia abajo rápidamente para atraparlo.

¡CORRE, CORRE!
Al correcaminos le gusta correr y no volar. Cuando va en busca de insectos, lagartos, escorpiones y serpientes jóvenes o si intenta escapar de sus enemigos, corre hasta 15 millas por hora.

PERCHA ESPINOSA
A la ratona desértica le encanta el área caliente y seca del oeste de Texas. Se posa en un cactus o salta por el suelo en busca de insectos.

Cresta El Capitán

Parque Nacional
Guadalupe Mountains

EL INHÓSPITO OESTE
La mayor parte del oeste de Texas es
un desierto que recibe menos de 10
pulgadas de lluvia al año. Las
montañas tienen poca vegetación y
casi toda la región es inhóspita para
los animales.

LA SERPIENTE MANSA
La culebra de nariz larga del oeste es
una especie mansa que vibra la
cola cuando se la molesta.
Es de color crema
por debajo y
negra y roja
por encima.
Crece hasta
30 pulgadas
de largo.

Macho y
hembra del
carnero
cimarrón
de cuernos
grandes

**CARNERO CIMARRÓN
DE CUERNOS GRANDES**
El carnero cimarrón de cuernos grandes
de Texas vivía en las montañas del oeste
de Texas, pero se extinguió en los años
50. Recientemente, se han traído nuevos
rebaños a la región.

AMANTES DEL SOL
Las flores escarlatas
del cactus *claret cup*
(copas de vino)
iluminan el oeste de
Texas. Conocidas
también como cactus
mojavensis o corona
de rey, florece gracias
al clima cálido y seco
y la luz intensa del sol.

HAGO MI PROPIA GUARIDA
La rata de madera mexicana hace su
madriguera en las grietas de las rocas con
ramitas, piedras y otros materiales que
encuentra. Come nueces, bayas, hongos y
hojas.

Las Llanuras Costeras

LAS LLANURAS COSTERAS de Texas se extienden a lo largo del golfo de México desde Luisiana en el este hasta México en el sur. En el interior, llegan unas 250 millas hasta el río Red y la frontera con Oklahoma. Las llanuras cubren aproximadamente un tercio de Texas. Su suelo es muy fértil y excelente para la agricultura y la ganadería. La capital del estado, Austin, y otras ciudades principales, como San Antonio, Houston y Dallas, están en las llanuras.

VIDA EN LOS BAYOUS
La costa de Texas tiene bahías y bayous, corrientes de agua que se mueven lentamente. Aquí, las grullas cantoras y otras aves hacen sus nidos entre las cañas. En las aguas abundan las ranas, caimanes, tortugas y peces.

Grullas cantoras en la reserva natural de Aransas

VIGILANTE AÉREO
El zopilote cabecirrojo vuela por el cielo en busca de comida. Usa su agudo sentido del olfato para encontrar animales muertos para comer. También mata animales pequeños, como lagartos, o roba los huevos de otros pájaros.

RITUALES
Las chachalacas machos exhiben sus cualidades para atraer a las hembras. Inflan unos sacos de aire que tienen en el cuello y levantan sus plumas de la cabeza como penachos. Luego, ululan y dan saltos.

EL GLOBO SUBTERRÁNEO
El sapo excavador mexicano sólo deja su madriguera subterránea para alimentarse o para engendrar. Cuando está alarmado, el sapo infla su cuerpo de aire como un globo.

EL COMILÓN
El jabalí anda en grupos de 10 a 25. Pasa la mayor parte de su tiempo comiendo nopales.

CEBRA VOLADORA
La mariposa *zebra swallowtail* (cebra con cola de golondrina), es muy familiar en las Llanuras Costeras. Se la conoce también como mariposa cometa cola de golondrina, por sus alas triangulares y su cola puntiaguda.

¿HABRÁ BUEN TIEMPO
Las ranas de San Antonio ranas arbóreas frecuentement cantan juntas, formando u gran coro. Como generalment cantan antes de que llueva muchos texanos las llama "ranas de la lluvia"

CORNEJO DE COLORES
El cornejo tiene flores blancas o rosadas en la primavera. En el otoño, sus hojas se vuelven de un bonito color rojizo-castaño.

UN GRAN BOSQUE
Los bosques Piney del este de Texas son parte de un gran bosque que se extiende por el sur de los Estados Unidos. Un área de estos bosques es ahora la Reserva Nacional Big Thicket.

PINCEL SILVESTRE
El pincel indio produce flores espectaculares un año y virtualmente nada al año siguiente. Hay nueve especies de esta planta nativa de Texas. Todas producen flores amarillas o rojo-anaranjadas.

Piel dura cubierta de escamas

EL GRAN LAGARTO
Los españoles llamaron a este caimán, "lagarto". Crece hasta 16 pies de largo. Hay más de 200,000 caimanes que viven a lo largo de la Costa del Golfo. Se alimentan de mamíferos pequeños, peces y ranas.

VIEJA TORTUGA
La tortuga mordedora caimán es la tortuga de agua dulce más grande en el mundo. Pesa hasta 176 libras y tiene un caparazón de 26 pulgadas de largo. Se ve muy primitiva y vieja.

El río Grande

ZONA DE PECES
El río Grande es el hogar de muchos peces, incluyendo el agujón (abajo), la carpa y el bagre. El pez mosquito del Big Bend sólo se encuentra en una laguna del parque nacional. No vive en ninguna otra parte del mundo.

PINTURA MURAL
Hace aproximadamente 4000 años, los pobladores del cañón Seminole pintaban imágenes en las cuevas donde vivían. Para hacer pinturas molían minerales y usaban plantas o los dedos como pinceles.

EL RÍO GRANDE, conocido como el río Bravo en México, se eleva hasta 12,000 pies sobre las Montañas Rocosas en Colorado. Fluye hacia el sureste atravesando Colorado y Nuevo México. Continúa corriendo a lo largo de la frontera entre Texas y México hasta desembocar en el golfo de México. Con 1896 millas de largo, este río es el segundo más largo de los Estados Unidos, después del río Mississippi.

AVES VELOCES
Los halcones peregrinos bajan volando a velocidades de hasta 200 millas por hora para atacar a otros pájaros en vuelo. Anidan en las rocas de precipicios y cañones que hay a lo largo del río.

SILBÓN DE ÁRBOL
El pato silbón tiene piernas y patas de color rosado oscuro y vientre negro. Recibe su nombre por sus cantos fuertes y silbantes.

LOS OSOS EN EL BIG BEND
Los osos negros americanos viven en las montañas en el oeste del estado, cerca del río Grande. Recientemente, también los osos negros han empezado a habitar de nuevo en el Parque Nacional Big Bend.

ERROR DE IDENTIDAD
La lagartija astada de Texas es un reptil, pero se la considera con frecuencia un anfibio. También se la llama sapo con cuernos.

APERITIVOS NOCTURNOS
Al león montañés se le conoce también como el puma. Vive junto al río Grande. Se acerca furtivamente a su presa por la noche y salta sobre ella desde la rama de un árbol o una piedra.

ALEGRÍA NAVIDEÑA
El tasajillo llamado también cactus
de Navidad lleva ese nombre porque
sus frutos rojos aparecen en Navidad.
También se le llama aguja cholla porque
sus tallos son así de delgados.

LOS CAÑONES DEL BIG BEND
El río Grande hace una curva muy
cerrada al norte alrededor de lo
que ahora es el Parque Nacional
Big Bend. Aquí fluye a través
de los tres grandes cañones:
el Santa Elena, el Mariscal
y el Boquillas.

Cañón de
Santa Elena

El clima

Texas es tan grande que el clima varía considerablemente de un lugar a otro y puede cambiar rápidamente. Los texanos dicen en broma que si no te gusta el clima, espérate unos minutos: seguro que cambiará. Es generalmente tibio en invierno y caluroso en verano, húmedo en el este y seco en el oeste. El clima es por lo general agradable, pero Texas puede tener nevadas fuertes, granizadas, tornados y huracanes.

LA TEMPERATURA EN TEXAS

A excepción del norte, Texas tiene inviernos templados con temperaturas que raramente sobrepasan el punto de congelación. En verano, la temperatura está normalmente a más de 90°F, aunque puede sentirse mucho más calor si hay humedad.

FRENTE DEL NORT[E]

En invierno, los frente[s] fríos llamados "nórdicos" llegan repentinament[e] desde el norte. Trae[n] vientos helados [y] nevadas fuertes. El Pas[o] quedó sumergido e[n] esta tempestad de niev[e] en febrero de 195[?]

GRANIZOS GIGANTES

Los granizos se forman de cristales de hielo que suben y bajan dentro de las nubes de una tormenta. La mayor parte de los granizos que caen tienen alrededor de 0.2 pulgadas de ancho, pero en Texas, ha habido casos de granizos del tamaño de una pelota de béisbol.

EL CALLEJÓN DE LOS TORNADOS

Los tornados o torbellinos son columnas de aire que avanzan en espiral y que se forman bajo los nubarrones. Recorren una distancia de hasta 300 millas por hora. Texas tiene aproximadamente 123 torbellinos al año, principalmente en el área de las Llanuras Centrales llamada "el Callejón de los Tornados".

TEMPORADA DE HURACANES

Los huracanes rugen por todo el golfo de México de junio a octubre. Algunos azotan la costa. En 1900, la ciudad de Galveston fue destruida por un huracán. Murieron más de 6000 personas.

Los vasos giran según la fuerza del viento

Detectar los cambios del clima

Los meteorólogos (científicos que estudian el clima) mantienen datos detallados de sus estudios acerca de la fuerza y dirección del viento, lluvia, humedad, presión atmosférica y otras medidas. Con estos datos, pueden predecir el clima. Los pronósticos son importantes para los granjeros que desean sembrar o cosechar sus cultivos y para los pescadores a punto de zarpar para ir al mar.

La veleta muestra la dirección del viento

Los rotores mueven la veleta hacia el viento

El anemómetro de brazo oscilante termina en una bola que se eleva al aumentar la velocidad del aire

Barómetro

Barógrafo

BAJO PRESIÓN
La presión del aire se mide con un barómetro (izquierda) o un barógrafo (arriba). Un cambio en la presión del aire indica un cambio en el clima.

IMÁGENES DEL VIENTO
La fuerza y dirección de los vientos se mide con un anemómetro. Las lecturas que se hacen por un período largo de tiempo ayudan a los meteorólogos a construir una gráfica de cómo sopla el viento durante todo el año.

Anemómetro de vasos giratorios

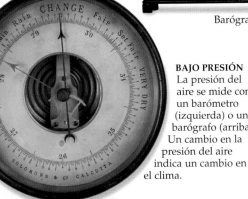

El huracán Bret cruzó la costa de Texas en agosto de 1999

RASTREADOR DE HURACANES
Los satélites del clima que están por encima del golfo de México detectan huracanes en el mar. Si alguno viene en dirección a la costa, los meteorólogos emiten un aviso de peligro de huracán. Esto les da tiempo a las personas para asegurar sus casas y huir del peligro.

La velocidad promedio del viento se registra en papel cuadriculado mientras este cilindro va rotando

Austin: La capital de Texas

OBSERVATORIO DE MURCIÉLAGOS
El puente de la avenida Congress sobre el río Colorado en Austin es el hogar de miles de murciélagos. Cada noche, desde marzo hasta noviembre, los murciélagos salen a volar en busca de alimento.

Eɴ 1839, COMENZÓ EL TRABAJO de construcción de Austin como la capital de la recientemente independiente República de Texas. La ciudad está asentada en el río Colorado, casi en medio de Texas. Tiene una población de 680,000 habitantes y es una de las ciudades más ricas y de mayor desarrollo de los Estados Unidos. Aquí se encuentra el gobierno del estado, la Universidad de Texas y una próspera industria de computación y de música.

La Diosa de la Libertad descansa sobre la cúpula

El capitolio de Texas abarca 3 acres de tierra

El capitolio y una gran parte de la ciudad de Austin están hechos de granito rosado de la cuenca Llano

"Nunca en la historia de la ciudad, nunca en la historia del estado, hubo un día como éste".

AUSTIN DAILY STATESMAN, MAYO 17, 1888,
Descripción del día de la inauguración oficial del nuevo capitolio

EL HERMANO MAYOR
El capitolio actual se construyó entre 1882 y 1888 después de que el anterior se incendiara. Se usó como modelo el Capitolio de los Estados Unidos en Washington D.C., pero el de Texas tiene 7 pies más de altura. Los senadores y los representantes del estado se reúnen aquí para aprobar las leyes de Texas.

EMPEZAR CON POCO
En 1838, el comerciante Jake Harrell estableció un poblado conocido por el nombre de Waterloo. Cuando Mirabeau Lamar fue presidente de la República de Texas, decidió construir aquí la nueva ciudad capital de Texas.

HACER HISTORIA
M. A. "Ma" Ferguson se presentó para gobernadora del estado en 1924. Ganó la elección y se convirtió en la segunda gobernadora en la historia de los Estados Unidos. Ganó de nuevo en 1932 antes de retirarse en 1936.

EL NOMBRE DE AUSTIN
La nueva ciudad capital recibió su nombre en honor a Stephen Austin. Él estableció a más de 5000 norteamericanos en Texas en la década de 1820. En 1822, dibujó este mapa de la provincia en un retazo de tela.

EL PADRE DE TEXAS
Stephen Austin jugó un papel importante en la lucha por la independencia de Texas. Se le conoce como el "Padre de Texas".

GOBIERNO DEL ESTADO
Cada cuatro años, los texanos votan para elegir un gobernador. Él o ella vive en esta mansión en Austin, que se encuentra justo enfrente del capitolio. El gobernador dirige el gobierno de Texas, propone nuevas leyes, prepara el presupuesto anual y realiza muchas otras tareas de importancia.

Indígenas norteamericanos

LOS INDÍGENAS NORTEAMERICANOS de Texas tenían estilos de vida diferentes. Los caddos vivían en casas permanentes. Su palabra para "amigo" fue escrita como "tejas" por los españoles y así nació el nombre de Texas. Los nómadas kiowas se extendieron por todo el *Panhandle*. Eran aliados de los comanches, quienes tenían el control de las llanuras del sur. Los apaches lipanes pelearon contra los texanos, pero más tarde se convirtieron en aliados en su lucha contra otras tribus. Los cheroquíes llegaron del Sureste en la década de 1820.

MISIÓN DURADERA
En la década de 1680, los misioneros llevaron indígenas piros de Nuevo México para fundar la misión del Socorro en el valle de El Paso. La iglesia empezó a construirse en 1684, pero fue reconstruida dos veces a causa de las inundaciones.

Mano

Metate

MOLEDOR DE MAÍZ
Los coahuiltecas usaban esta mano y metate para moler el maíz. Vivían en el sur de Texas y eran cazadores y recolectores nómadas.

NUEVO Y VIEJO
Hoy día, la mayoría de los supervivientes caddos vive en Oklahoma, en tierras asignadas por el Congreso en 1901. Llevan un estilo de vida moderno, pero mantienen vivos su idioma y tradiciones.

CULTIVOS
Los caddos cultivaban maíz, frijoles y calabaza en áreas que despejaban en el bosque. Las mujeres cuidaban las cosechas, recogían nueces y frutas, y guardaban y conservaban comida, como maíz seco y carne ahumada.

Los caddos

Los caddos vivían en los bosques de pino al este de Texas. Tuvieron la cultura indígena norteamericana más avanzada de la región. Fueron granjeros prósperos y también cultivaron el algodón e hicieron alfarería fina. Vivieron en casas en forma de colmenas y construyeron templos en montículos elevados.

El juego moderno de lacrosse *se originó a partir del* baggataway

JUEGO PELIGROSO
Los choctaws comenzaron a emigrar hacia el oeste en la década de 1790 y eventualmente llegaron a Texas. Era amigables con los caddos y jugaban partidos disputados de su juego de pelota, *baggataway*. Las lesiones que sufrían eran comunes.

Búfalos
nómadas

USOS MÚLTIPLES

Los kiowas no sólo se alimentaban de la carne del búfalo. Además, usaban la piel, el pelo y los cuernos para hacer viviendas, ropa y utensilios. También usaban las pieles del búfalo para sus pinturas.

ARTESANÍAS TRADICIONALES

Hoy día, aproximadamente 5000 kiowas viven en Oklahoma y se ganan la vida con el cultivo, el comercio y la industria local. Ellos están orgullosos de sus tradiciones y artesanías, como los objetos tejidos con cuentas.

El traje tradicional kiowa incluye pendientes de cuentas y adornos de cuentas para la cabeza y el pelo

TRABAJO DE MUJERES

En cada campamento, las mujeres kiowas desarmaban y armaban las tiendas o tipis, preparaban todas las comidas y cosían la ropa. Llevaban a sus bebés en una tabla cuna, que era una bolsa de piel con un marco de madera.

Los kiowas

Los kiowas eran nómadas que seguían el paso de las manadas de búfalo. Galopaban hacia el extremo norte y bajaban hacia México, así como por todo el interior de Texas. Derrotados por el ejército en 1875, fueron llevados a una reservación de Oklahoma. Después de 1900, empezaron rápidamente a adaptarse al estilo de vida norteamericana.

Continúa en la siguiente página

SEÑAL DE SOLTERA
Esta muñeca apache imita el peinado de una mujer soltera. Las mujeres mayores les enseñaban a las muchachas cómo ser esposas y madres. Cuando una muchacha estaba lista para el matrimonio, ella realizaba una carrera ritual para demostrar su valor y fuerza.

VIVIENDA FAMILIAR
Durante la caza del búfalo en verano, las familias apaches vivían en tipis. En invierno, vivían en *wickiups*, casas de madera más permanentes cubiertas con pieles.

Plumas de águil

DISEÑO ELEGANTE
Los apaches no fueron alfareros ni tejedores diestros. Sin embargo, aprendieron a hacer cestos finos de mimbre y elegantes objetos con cuentas, como esta bolsa cuidadosamente diseñada.

Vestido hecho de piel

Gorra hecha de piel de venado

Los apaches

Los apaches llegaron a Texas en el siglo XVI. Formaron grupos como los lipanes y los mescaleros. En el siglo XVIII, los comanches los desplazaron hacia el oeste y sur de Texas. Algunos lipanes se unieron a los mescaleros y siguieron atacando Texas desde México, hasta que finalmente fueron vencidos en la década de 1880. La mayor parte de los apaches fueron trasladados a reservaciones.

Lazo hecho de tiras de cuero sin curtir

Disco de metal de adorno

Cuentas de vidrio

CABEZAS SIN ADORNOS
Los apaches usaban a veces gorras decorativas como ésta, pero no usaban adornos ceremoniales en la cabeza. En cambio, llevaban en la frente bandas de algodón para absorber el sudor y protegerse del sol.

Lazo para atar las botas por debajo de la rodilla

Adornos con cuentas

Los tonkawas cazaban búfalos y otros animales. Vivían en tipis y luego en *wickiups* en invierno. Igual que los apaches lipanes, se aliaron con los texanos, pero también tuvieron que dejar sus tierras.

Jefe tonkawa

Máscara hecha de una calabaza

MOCASINES LARGOS
Para protegerse las piernas de los arbustos espinosos y los cactus al montar, los apaches llevaban botas suaves hechas de la piel del venado o antílope. La parte superior se podía doblar para refrescarse las piernas.

ARMAS DE COMBATE
En los combates, los guerreros apaches usaban arcos y lanzas. Un arma para pelear cuerpo a cuerpo era la cachiporra. Consistía en un mango de madera al que se le ataba una cabeza de piedra sostenida con tiras de cuero.

MÁSCARA CHEROQUÍ
Los cheroquíes llevaban máscaras de fantasmas en un baile que tal vez representaba la invasión de de Soto en 1539. Los cheroquíes empezaron a llegar a Texas a partir de 1819. En 1839 los texanos los desplazaron hacia Oklahoma.

Máscara de fantasma cheroquí

Los comanches

Los comanches eran dueños de las llanuras del sur. Eran grandes guerreros y excelentes jinetes. También eran comerciantes. Ellos impidieron que los españoles primero y los texanos después se establecieran en sus tierras por más de un siglo.

QUANAH PARKER
Quanah Parker era el hijo de un jefe comanche y una mujer blanca. Se convirtió en un gran líder comanche. Después de que los comanches fueron derrotados por el Ejército de los Estados Unidos en 1874, Parker los animó a aceptar la educación escolar y a aprender a cultivar la tierra y criar ganado.

LA VIDA EN EL POBLADO
Este cuadro de George Catlin muestra una aldea tipi de comanches en la década de 1830. A la derecha, las mujeres van vestidas con pieles de búfalo. La carne de búfalo se seca en bastidores. Los jóvenes juegan y practican la monta a caballo.

La exploración de Texas

LOS PRIMEROS CABALLOS
No había caballos en Texas hasta que los españoles trajeron robustos caballos andaluces a México.

TEXAS ERA LA FRONTERA de tres ambiciosos poderes: España, Francia y los Estados Unidos. Los conquistadores españoles viajaron en todas direcciones por las Grandes Llanuras y el *Panhandle* en busca de oro, desde la década de 1540 a la de 1590. Los misioneros españoles abrieron rutas al oeste y al sur de Texas. En la década de 1680, Francia trató de reclamar Texas como parte de su territorio de Luisiana y los comerciantes franceses exploraron ampliamente. Después de que los Estados Unidos compraran Luisiana a los franceses en 1803, varias expediciones se dirigieron a la frontera de Texas.

CRUZANDO TEXAS
El explorador español Álvar Núñez Cabeza de Vaca naufragó en la costa de Texas en 1528. Fue capturado por los indígenas norteamericanos. Seis años después realizo un viaje épico de dos años por Texas, llegando eventualmente a México. Sus historias llevaron a otros españoles a concluir, erróneamente, que existía una gran civilización hacia el norte.

De Vaca perdido en el desierto de Texas, pintado por Frederic Remington

Moneda de plata española con la cabeza de Felipe II

Globo terráqueo del siglo XVIII que muestra las Américas

Pepita de oro

LAS AMÉRICAS
En 1494, España y Portugal acordaron un tratado que dividía el mundo más allá de Europa. España tomó el oeste y obtuvo inmensas cantidades de tierras que incluían México y Texas.

Incrustaciones de oro en piedra

GASTOS PAGADOS
Los monarcas europeos de los siglos XVI y XVII siempre necesitaban oro y plata para financiar las guerras. Los conquistadores tenían que pagar al rey un quinto de toda la riqueza que encontraban.

METALES PRECIOSOS
Los españoles encontraron enormes cantidades de oro y grandes minas de plata en México y Perú. Fueron a Texas en busca de más oro y plata pero se desengañaron al no encontrar nada.

Hilos de cristales de plata

ESTE LUGAR NO EXISTE
En 1540, Francisco Vásquez de Coronado llevó una expedición para buscar las Siete Ciudades legendarias de Cibola. Sólo encontró las edificaciones de piedra y adobe de los pobladores pueblo.

EL SUEÑO ESPAÑOL
Los conquistadores
españoles eran
soldados y llevaban
armadura pesada
como protección.
Éste es el casco
de un soldado,
llamado
morrión.

*Borde
diseñado
para parar
un golpe
de espada*

DE FLORIDA A TEXAS
En 1539, Hernando
de Soto realizó una
expedición a Florida.
Luego su expedición se
dirigió al oeste, atravesó
el Sureste y alcanzó
finalmente el este de
Texas.

*Casco hecho de
acero martillado
y remachado*

ESTRIBOS SIMBÓLICOS
Estos estribos de hierro
pertenecieron a un conquistador.
Tienen forma de una cruz ancha
que simbolizaba el papel del
jinete como guerrero
cristiano.

*Estribos decorados
con serpientes*

ERROR CRASO
El explorador francés
René-Robert Cavelier,
Sieur de La Salle siguió
el río Mississippi hasta
el Golfo de México en
1682. En 1684 planeó
una colonia en Luisiana
pero, por equivocación,
llegó a la bahía de
Matagorda en Texas.

**EL RÍO QUE
LLEGA LEJOS**
Zebulon Pike,
lugarteniente del ejército de los Estados Unidos,
recibió la orden de encontrar los afluentes de los
ríos Red y Arkansas. Realizó esta expedición de
1806 a 1807 llegando hasta el río Grande.

Los colonos en Texas

Monedas españolas del siglo XVIII

LAS PERSONAS LLEGABAN a Texas en busca de nuevas oportunidades. Muchos trabajadores migratorios vinieron de los estados del Sureste, aunque muy pronto también llegaron del Medio Oeste. Un primer paso fue dado por Stephen Austin, quien fundó una colonia de casi 300 familias. Otros organizadores de colonias, llamados empresarios, siguieron.

EL DOMINIO ESPAÑOL
Bajo mandato de España, se prohibieron el comercio extranjero y la inmigración. Había incentivos para los inmigrantes españoles, pero muy pocos vinieron y las misiones indígenas no prosperaron. En 1820, había solamente unos 3500 habitantes hispanos.

VENGAN A TEXAS
Los anuncios y falsos rumores clamaban que se daría a los colonos transporte gratis, equipo de cultivo y 40 acres de tierra.

GRAND RUSH
FOR THE
INDIAN
TERRITORY !
Over 15,000,000 Acres of Land
NOW OPEN FOR SETTLEMENT !

PELIGRO A LA VISTA
Las personas que emigraron a Texas y a los puntos del oeste tuvieron un viaje difícil. Los peligros que tenían que enfrentar incluían animales salvajes, calor, diluvios y falta de agua.

Sombrero mexicano de fieltro anterior a 1870

LOS TEXANOS MEXICANOS
Mucho antes de que llegaran los colonos de los Estados Unidos a Texas, los españoles y mexicanos vivían allí. A los texanos mexicanos se les llamaban *tejanos* y *tejanas*.

A CABALLO
Algunos colonos que no necesitaban llevar equipo hacían el viaje a caballo.

DE CAMINO A TEXAS
Comparado a las peripecias y peligros de las 2000 millas del Camino de Oregón, el viaje a Texas era relativamente fácil. Por el Sur, las casas abandonadas tenían las siglas GTT (*Gone to Texas*) o "En camino a Texas". Por el año 1830, habían llegado más de 30,000 colonos.

EL COLONO INVENTOR
Gail Borden vino a Texas en 1829, se convirtió en topógrafo de la colonia de Austin y luego fundó un periódico. Después de la independencia, se hizo famoso por inventar la leche condensada.

El carro cama de madera con "gorro" de lona

Aros de hierro para proteger las ruedas de madera

Las mujeres pioneras normalmente usaban ropa sencilla y casera

LA GOLETA DE LA PRADERA
Las mejores "goletas de la pradera" eran versiones de las carretas de carga Conestoga. Muchos eran carros de granja reconstruidos, como éste. Dependiendo de la carga, eran tirados por dos o cuatro caballos o cuatro o seis bueyes.

Par de caballos de Gelderland, originalmente una casta holandesa

Continúa en la siguiente página

La vida en la frontera

Las tierras fértiles atrajeron un flujo de colonos a Texas. Aunque las tres cuartas partes llegaron del Sur, muchos vinieron de Europa: alemanes, polacos y checos. La población aumentó de unos 212,000 en 1850 a más de 604,000 en 1860. La mayor parte de texanos se estableció en el este del estado.

CRECIMIENTO LENTO

Los pueblos de la frontera como éste tenían edificios con el frente recubierto de tablas y calles sin asfaltar. La industria y el comercio crecían muy lentamente, así que los pueblos crecían lentamente también.

MONUMENTO A LA FAMILIA

Los pioneros agricultores encabezaron la colonización de Texas, a medida que la frontera se desplazaba hacia el oeste. Se dedicaron a cultivar cereales y a criar ganado. Esta estatua de una familia pionera se encuentra en Lubbock.

TODO SE APROVECHA

Los colonos tenían que hacer ellos mismos muchas de las cosas que necesitaban. El ganado les proporcionaba cuero y también sebo para velas. Hasta los cuernos podían utilizarse bien, como en esta silla.

ARAR BAJO VIGILANCIA

Los agricultores de las fronteras de Texas veían que los indígenas norteamericanos resistían su avance. Montaron guardias para proteger a los trabajadores. Los *Texas Rangers* y después de 1848, el ejército de los Estados Unidos les dio más protección.

Chimenea de ladrillo o piedra para estufa de calentar y cocinar

Casa de rancho de madera pintada con tejado de ripia

Riel de enganche para atar los caballos

El corredor techado

BUENA LECTURA
Los catálogos de ventas por correo, como éste de Bannerman, ofrecían casi todo para las personas que vivían lejos del pueblo y de las tiendas. Las personas los leían con avidez, aun las personas que no tenían suficiente dinero para comprar.

DESTREZAS EN DEMANDA
En una sociedad fronteriza con pocos pueblos, las personas que tenían destrezas especiales podían ganarse muy bien la vida. Un fabricante de monturas era muy apreciado en un lugar donde todos dependían de los caballos.

EL FUROR DEL ALGODÓN
El cultivo de algodón tuvo éxito en Texas. Una producción de menos de 60,000 balas en 1850, aumentó a más de 400,000 en 1860. En el este de Texas, 56 condados producían cada uno más de 1000 balas por año en 1860.

Molino de viento para bombear el agua subterránea

LA CASA HACIENDA
Una casa hacienda en Texas estaba formada por dos cabañas grandes unidas por un corredor techado que servía como área de enfriamiento. Las cabañas se convertían en barracas de los vaqueros cuando el ranchero construía una casa aparte para él.

Granero de madera para guardar alimento para animales

Herramientas para hacer sillas de montar

Texas a principios del siglo XIX

Las insignias de los *Texas Rangers*

EN 1821, ESPAÑA aceptó la independencia mexicana. México abolió la esclavitud y en 1830, temiendo la deslealtad de Texas, envió tropas a Texas y prohibió que aumentara la inmigración estadounidense. Santa Anna fue elegido presidente en 1833. Él cambió la constitución mexicana y se convirtió en dictador, así que Texas se rebeló. Los pobladores de Texas, *tejanos* y anglosajones, sólo querían sus derechos como ciudadanos mexicanos, pero Santa Anna los invadió, por lo cual declararon la independencia.

EL PADRE DE MÉXICO
Miguel Hidalgo era un sacerdote conocido como el "Padre de la independencia mexicana". Él organizó la resistencia a las autoridades españolas en 1810. Sus fuerzas fueron derrotadas, e Hidalgo fue capturado y ejecutado.

EN LA FRONTERA
Los *Texas Rangers* se crearon en 1835 para defender la frontera. En 1935 se hicieron parte del Departamento de Seguridad Pública de Texas.

Cuadro de los *Texas Rangers* por Carl von Iwonski

"Recuerden El Álamo"

Texas votó por la independencia de México el 1 de marzo de 1836. Dos factores reforzaron la resistencia: el destino de la guarnición de El Álamo y la matanza de una fuerza de Texas que se había rendido en Goliad el 27 de marzo. En San Jacinto, el grito de batalla de Texas era "Recuerden El Álamo".

Batería del Ejército Mexicano

Río

Campo

Placa conmemorativa de la Batalla de El Álamo

POLÍTICO POPULAR
David Crockett, popular por su humor regional, hizo carrera como político en Tennessee. Se dirigió a Texas y llegó justo a tiempo para unirse a los defensores de El Álamo.

Santa Anna y (debajo) su mapa del campo de batalla de El Álamo

NO RENDIRSE
Todos menos uno de los defensores de El Álamo decidieron morir con William Travis. Travis murió poco después de empezar el ataque final mexicano. Jim Bowie y David Crockett murieron después. Los últimos 11 hombres murieron defendiendo la capilla.

"He sostenido un bombardeo continuo y he disparado el cañón 24 horas… Nunca retrocederé ni me rendiré".

WILLIAM BARRAT TRAVIS
"Carta al pueblo de Texas y a todos los estadounidenses del mundo"

Fuerte del Alamo
a Entrada
b Habitaciones de Oficiales
c Cuerpo de Guardia
d Comandancia de Artillería
e Cuartel de Artillería
f Cuarteles
g Parque
h Foso interior
i Caballero alto
j Batería a barbeta
k Batería atronada
l Fosos exteriores

A SU CARGO
William Travis vino a Texas en 1831 y se unió a la causa de luchar por la independencia texana. En 1835, ya se encargaba de reclutar soldados para el ejército de Texas. Tomó el mando de El Álamo cuando el oficial de mayor rango pidió la baja.

LISTO PARA LA BATALLA
Samuel Houston llegó a Texas desde Tennessee. Al declarar la independencia, el Congreso de Texas lo nombró comandante del ejército. Houston evitó luchar hasta que su ejército completara su entrenamiento. Luego, aplastó a los mexicanos en San Jacinto.

ATAQUE POR CUATRO DIRECCIONES
Las fuerzas de Santa Anna sitiaron El Álamo por dos semanas. El ataque final empezó al amanecer del 6 de marzo. Santa Anna atacó por cuatro direcciones. Los defensores se retiraron a sus cuarteles y la capilla y lucharon hasta el final.

EN NOMBRE DE LOS SOLDADOS
En 1803, soldados españoles de El Álamo de Parras en México ocuparon una misión abandonada en San Antonio. Por eso se llamó El Álamo. Las tropas mexicanas lo usaron como cuartel hasta que se vieron obligados a rendirse a los texanos en 1835.

RECORDATORIO DE LA BATALLA
El Monumento de San Jacinto marca la derrota de México el 21 de abril de 1836. El ejército de Houston de 910 hombres había capturado a 730 mexicanos, mientras que 630 mexicanos yacían muertos. Murieron sólo 9 texanos y hubo 30 texanos heridos. Entre los prisioneros estaba el propio Santa Anna.

A mediados del siglo XIX

La Estrella Solitaria en el emblema de la república

LA BANDERA DE LA ESTRELLA SOLITARIA
La primera bandera nacional de la República de Texas tenía una estrella dorada sobre un campo azul. En 1839, se reemplazó por la bandera *Lone Star*, o bandera de la Estrella Solitaria.

EN EL AÑO 1836, Texas solicitó su anexión a los Estados Unidos, pero el Congreso se demoró en decidir y la solicitud fue retirada en 1838. Durante los nueve años que duró su independencia, la República de Texas enfrentó serios problemas. El miedo constante de una nueva guerra con México, el descontento que reinaba en el ejército y los problemas financieros del gobierno eran motivo de preocupación. Sin embargo, la anexión se llevó a cabo en 1845 y para el año 1847, la población ya había aumentado a 103,000 habitantes, con más de 38,000 esclavos.

TRAZAR LOS LÍMITES
El Congreso de Texas declaró el río Grande o río Bravo, como su límite sur con México. El límite este con Luisiana se acordó finalmente en 1839. Hasta 1846, Texas intentó avanzar su límite oeste hasta Santa Fe, Nuevo México.

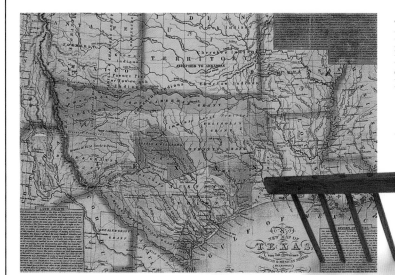

Mapa de Texas en 1835, antes de la independencia de México

Rastrillo para recolectar tallos después del corte

CIUDAD DEL RÍO GRANDE
El Paso estaba asentado a ambas orillas del río Grande en el oeste de Texas. Al finalizar la Guerra con México en 1848, el área al norte del río pasó a formar parte de los Estados Unidos.

Horquilla para cebada de madera dura de una sola pieza

Sembradora manual de semillas

COLONIA DE AGRICULTORES
Aunque el algodón era la cosecha más lucrativa, su cultivo requería conocimientos y habilidades. Por esta razón muchos colonos se dedicaban al cultivo mixto.

UNIDOS POR CARRETA

Las primeras líneas de diligencia, que llevaban correo, pasajeros y mercancías, conectaban a Houston con los pueblos del interior. En la década de 1840, las nuevas líneas fueron importantes para el transporte de pobladores y mercancías de los puertos de la Costa del Golfo a San Antonio.

Esta diligencia del siglo XIX podía llevar nueve pasajeros

El cochero usaba riendas para dirigir dos pares de jacas o caballos de poca alzada

Billete de 100 dólares o *"redback"* emitido por el gobierno

LA GUERRA CON MÉXICO

Después de la anexión de Texas a los Estados Unidos, surgió la guerra con México. El general Zachary Taylor tenía a su mando el ejército de los Estados Unidos. Derrotó a las fuerzas mexicanas en varias batallas.

THE REPUBLIC OF TEXAS
One Hundred DOLLARS

MONEDA DEVALUADA

En 1837, la república emitió por primera vez papel moneda. Una nueva emisión de billetes de banco en 1839, llamados *"redbacks"* ("reversos rojos"), ascendió a más de 3.5 millones de dólares. Los texanos no tenían confianza en los *redbacks*, así que su valor bajó a 2 centavos por dólar.

HENRY CLAY, AND A PROTECTIVE TARIFF.

NO ANNEXATION OF TEXAS!

No Extension of Slavery!!

With Henry Clay
We'll win the day,
And Home Industry defend;
With Polk and Dallas
We'll to the gallows
Free Trade and Texas send.

Cinta de la campaña presidencial de 1844

VOTOS A FAVOR

La anexión de Texas era un tema de vital importancia en la elección presidencial de los Estados Unidos de 1844. El candidato Henry Clay del partido Whig estaba en contra, pero el demócrata James Polk, quien ganó la elección, estaba decididamente a favor.

Los cultivos de granos eran cosechados con hoz y guadaña

Zachary Taylor en uniforme de Mayor General

Los cereales se amontonaban en gavillas para que se secaran

A fines del siglo XIX

E<small>N</small> 1860, L<small>A</small> E<small>SCLAVITUD</small> afroamericana existía en todos los estados del sur. Sólo una cuarta parte de texanos poseía esclavos, pero como la mayoría de los sureños, los texanos consideraban la esclavitud como parte de su estilo de vida y por eso temían la abolición. En las elecciones de 1860, Abraham Lincoln no prometió abolir la esclavitud sino sólo prevenir que se extendiera a los nuevos territorios. Los sureños no le creyeron y la mayoría de los estados del Sur decidió formar su propia nación: los Estados Confederados de América. La Guerra Civil estalló en 1861.

LA CABAÑA DEL TÍO TOM
La novela *Uncle Tom's Cabin* (La Cabaña del Tío Tom) se publicó en 1852. Escrita por Harriet Beecher Stowe, la novela resaltaba las injusticias propias de la esclavitud, al mismo tiempo que ayudaba a fortalecer los sentimientos antiesclavistas.

GORRA CONFEDERADA
Los uniformes confederados estaban hechos de tela casera. Después de 1862, los teñían con aceite de nueces o de nogal. Las gorras eran los quepis de estilo francés. La mayoría de soldados sureños combinaba sus uniformes, generalmente remendados y gastados, con otros artículos de ropa de civil.

UN PAÍS DIVIDIDO
En 1860, en 15 de los 33 estados había esclavitud. Once de estos estados abandonaron la Unión y formaron los Estados Confederados de América. Sam Houston, el gobernador de Texas, era un ferviente unionista. Sin embargo, Texas se unió a la Confederación en febrero de 1861.

L<small>A</small> C<small>ONFEDERACIÓN</small>

L<small>A</small> U<small>NIÓN</small>

E<small>STADOS</small> F<small>RONTERIZOS</small>

Soldado de la Confederación

Solda[do] de la Unió[n]

Rifle para cargar por el cañón

La bandera "Estrellas y Barras", que se usó hasta 1863

Bandera de la Compañía F, 1<small>er</small> Regimiento de Caballería de Texas, anteriormente llamada *Ware's Partisan Rangers* (Guardia Montada Partidaria de Ware)

WARE'S TIGERS

ONDEAR LAS BANDERAS
La primera bandera oficial de la Confederación era la *"Stars and Bars"* (Estrellas y Barras). Se agregaron más estrellas por cada estado que se unía a los siete estados originales. La bandera de Batalla de la Confederación, con la cruz de San Andrés se usó durante la guerra.

Bandera de guerra del 2<small>do</small> batallón, la Legión de Hilliard de Alabama

PROVISIONES SUPERIORES
Los estados de la Unión ganaron la guerra principalmente porque tenían industrias para poder armar y proporcionar lo necesario a sus tropas. A diferencia del Sur, el Norte tenía más fábricas para proporcionar armas, municiones y uniformes.

Imagen de Abraham Lincoln

...RAHAM LINCOLN

...nque Lincoln liberó a los ...lavos por proclamación en ...3, luchó en la guerra para ...var la Unión. Los ejércitos ...la Unión finalmente forzaron ...a Confederación a rendirse ...abril de 1865.

Los "greenbacks" ("reversos verdes"), similares a estos billetes modernos, fueron introducidos durante la presidencia de Lincoln

ENTRE LA VIDA Y LA MUERTE

Los cirujanos del ejército trabajaron desesperadamente por salvar vidas, pero les faltaban equipos modernos, medicinas y conocimientos médicos. Murieron más de 620,000 hombres, la mitad de ellos por enfermedades. A más de 50,000 les amputaron brazos o piernas.

Caja de medicinas de la Guerra Civil

Balanzas de precisión para pesar cantidades diminutas de medicamentos

...Mano y mortero para triturar fármacos para formar ...íldoras a mano

Recipientes para quemar alcohol que esterilizaba instrumentos quirúrgicos

Botellas de vidrio para medicinas

Recipiente para píldoras hecho de madera pulida

Escritorio de campamento militar

REGISTROS ESCRITOS

Ambos ejércitos necesitaban órdenes escritas, listas de provisiones y archivos apropiados. Los empleados y oficiales usaban escritorios portátiles que se plegaban en una caja plana. La mayoría de los soldados también trataba de escribir cartas a sus familiares.

Tintero portátil con tapa de rosca

Bolígrafo con punta de acero

HENRY OSSIAN FLIPPER

No fue hasta 1877 que el primer afroamericano se graduó de la Academia Militar de West Point. El texano Henry Ossian Flipper sirvió en el Oeste como teniente en el 10º Regimiento de Caballería. Sufrió la persecución de los oficiales blancos hasta que fue dado de baja en 1883.

Vida de vaquero

EL APOGEO DE LOS vaqueros duró sólo los 20 años de ganadería de campo abierto, de 1866 a 1886. Era trabajo difícil y mal remunerado. Los primeros vaqueros eran texanos. Más tarde otros llegaron del Sureste, del Medio Oeste y hasta de Europa. Eran comunes los vaqueros mexicoamericanos, y alrededor de un quinto de todos los vaqueros eran afroamericanos. Por la década de 1890, el estilo de vida de los vaqueros ya estaba desapareciendo. De repente, la vida de vaquero se vio como algo romántico y emocionante.

ROPA CÓMODA

La ropa del vaquero era práctica. La ropa interior térmica de lana absorbía el sudor durante el día y servía de aislamiento durante las noches frías.

Las camisas y pantalones de lana eran duraderos. Un pañuelo de algodón les protegía el cuello del sol o les servía de máscara para cubrirse del polvo.

Sombrero de llanero de fieltro suave

Pañuelo de algodón

Chaleco de becerro

Látigo de cuero trenzado

MAESTROS MEXICANOS

Los texanos aprendieron la ganadería de los charros mexicanos. Por eso muchas palabras sobre la ganadería que se usan en inglés vienen del español. Por ejemplo, el lazo que se usa para agarrar el ganado, llamado *la reata* en español, se convirtió en *lariat* en inglés.

¡A MONTAR!

La silla de montar de los vaqueros se deriva de la silla de guerra española. El arzón o fuste de la silla, la parte posterior elevada, ayudaba al jinete a mantenerse sentado. Ésta es una silla de montar de la década de 1850.

Los estribos protegían los pies del jinete

Lazo

VAQUERO AUTÉNTICO
El trabajo de un vaquero de Texas era sumamente difícil, a menudo monótono y a veces hasta peligroso. El trabajo requería valor y paciencia. Un vaquero se sentía orgulloso de su estilo de vida.

Conchas de plata para detener los lazos

Rodajas de espuelas

Talón levantado

Se ataban chaparreras en la parte de atrás de la pierna

NO APTO PARA MUJERES
En el siglo XIX las mujeres de la frontera de Texas eran amas de casa, maestras y hasta taberneras. Las vaqueras eran desconocidas. Sólo en el siglo XX, cambiaron las costumbres para que las mujeres pudieran trabajar junto a los vaqueros.

PARA PROTEGERSE LAS PIERNAS
Las botas del vaquero eran altas para protegerse las piernas. Los tacones altos impedían que los pies se resbalaran por los estribos y podían hundirlos en la tierra cuando lazaban a pie.

ESPOLONADO
Los vaqueros no cepillaban a sus caballos, así que usaban las espuelas para picarlos a través del pelo enmarañado. El uso de las rodajas de espuelas parecería cruel pero normalmente no tenían filo.

En el campo abierto

LOS RANCHOS DEL CAMPO ABIERTO prosperaron en Texas después de la Guerra Civil, cuando la demanda de carne de res proveniente de las ciudades del este producía grandes ganancias. Los caminos unieron los campos abiertos de Texas con los ferrocarriles de Kansas. Así el ganado se podía enviar a las grandes empacadoras de carne, como las de Chicago. La "bonanza" de la carne duró sólo 20 años. Se acabó por un exceso de producción, la caída de precios, el cercado de los campos abiertos y el invierno crudo de 1886 a 1887.

RANCHO KING
Richard King empezó a preparar el rancho King en 1852. Hoy en día, con 825,000 acres, es el rancho ganadero más grande del mundo. Es famoso por su ganado Brahma y Santa Gertrudis.

CRUCE DE GANADO
El ganado *longhorn* de Texas era una mezcla de los descendientes del ganado español y el ganado inglés traído del Medio Oeste. Durante la Guerra Civil, millones de reses de ganado *longhorn* se reprodujeron naturalmente en su hábitat.

Lámpara de querosén

LA CARRETA DE PROVISIONES
La vida en los caminos de arreo era difícil. Los vaqueros tenían que mantener la manada junta, cruzar ríos y evitar las estampidas. Confiaban en el cocinero del campamento para sus comidas calientes. Su carreta era cocina, despensa y el lugar para guardar su equipo.

Sartén de hierro para freír tocino y hacer pan de masa fermentada

EL LARGO CAMINO
Se necesitaban tres meses para llevar el ganado las 1000 millas del camino Chisholm desde el sur de Texas hasta Abilene, Kansas. Más de 1.5 millones de cabezas de ganado tomaron este camino de arreo entre 1867 y 1870.

Los cuernos de un ganado *longhorn* podían medir 5 pies de punta a punta

Cacerola para frijoles y estofados

Cacharro para lavar los platos sucios

BESTIAS ROBUSTAS
Los ejemplares *longhorn* eran animales medio salvajes y bravos, pero muy robustos. Sobrevivían fácilmente comiendo el pasto escaso de las llanuras. Sus piernas largas y fuertes pezuñas les permitieron atravesar el camino sin dificultad.

SUMINISTRO DE AGUA
En el camino, la sed era una amenaza constante. El ganado necesitaba beber agua al final del día y los vaqueros necesitaban una ración personal mientras trabajaban. Los recipientes debían protegerse del sol y los posibles daños.

Despensa de víveres con cajones para guardar harina, café, frijoles, azúcar y hasta frutas secas

Tazas de estaño irrompibles para café

Aros de metal para toldo de carreta

Asiento del conductor

Freno de mano

Los sacos para dormir se guardaban en la carreta

VIEW OF THE WORKS OF
I.L.ELLWOOD & CO.
De Kalb, Ill.
SOLE MANUFACTURERS OF THE
GLIDDEN STEEL BARB FENCE WIRE
FOR THE
WESTERN STATES & TERRIT'S

VIEW OF THE WORKS OF
WASHBURN & MOEN MANUFACTURING CO.
Worcester, Mass.
SOLE MANUFACTURERS OF THE
GLIDDEN STEEL BARB FENCE WIRE
FOR THE
EASTERN & SOUTHERN STATES

FOR SALE BY

EL CERCADO DE LOS CAMPOS
En 1874, Joseph Glidden patentó el alambre de púas. Fuerte, simple y barato, este nuevo tipo de cerca marcó el fin de la ganadería de campo abierto. Los ganaderos de Texas lo usaron para cercar los lugares con buenos pastos.

Rueda con borde de hierro

Soga de repuesto

Barril para agua

El ferrocarril

Por la década de 1850, el sistema de ferrocarriles cubría el este y avanzaba hacia el oeste. Texas necesitaba vías de transporte para atraer colonos y dar a los agricultores y ganaderos acceso a los mercados del este. Antes de la Guerra Civil, sólo se había completado en Texas un total de 300 millas de vías y ninguna se conectaba con las líneas del este. Todo esto cambió después de 1865. Las grandes compañías, como la *Southern Pacific* se extendieron por Texas y las líneas locales proliferaron.

TRENES PARA EL GANADO
El *boom* o auge del ganado en Texas comenzó con los rancheros que transportaba manadas hasta el final de los ferrocarriles en los pueblos de Kansas. Al comienzo de la década de 1880, los ferrocarriles llegaban hasta el sur y el este de Texas. Así el ganado podía transportars directamente hasta las empacadora de carne, como las de Chicago.

EL IMPERIO DEL FERROCARRIL
La *International-Great Northern Railroad* nació de la consolidación de otras líneas en 1873. Desde 1880 hasta la década de 1920, formaba parte del imperio del ferrocarril fundado por el famoso financiero Jay Gould.

CONEXIÓN CON NUEVA ORLEÁNS
El *Texas & New Orleans Railroad* se empezó a construir en 1856. Se renovó en 1875 y pronto conectó Houston con Nueva Orleáns. En 1881, formaba parte de la red del *Southern Pacific*.

ENLACE DIRECTO
El *Houston & Texas Central Railway* se inició en 1853 y en 1872 ya había llegado a Dallas. Al conectarse con el Ferrocarril de Missouri–Kansas–Texas, unió Texas directamente con San Luis, Missouri y el Este.

Cabina de protección para el ingeniero

El ténder acarreaba madera o carbón para la locomotora

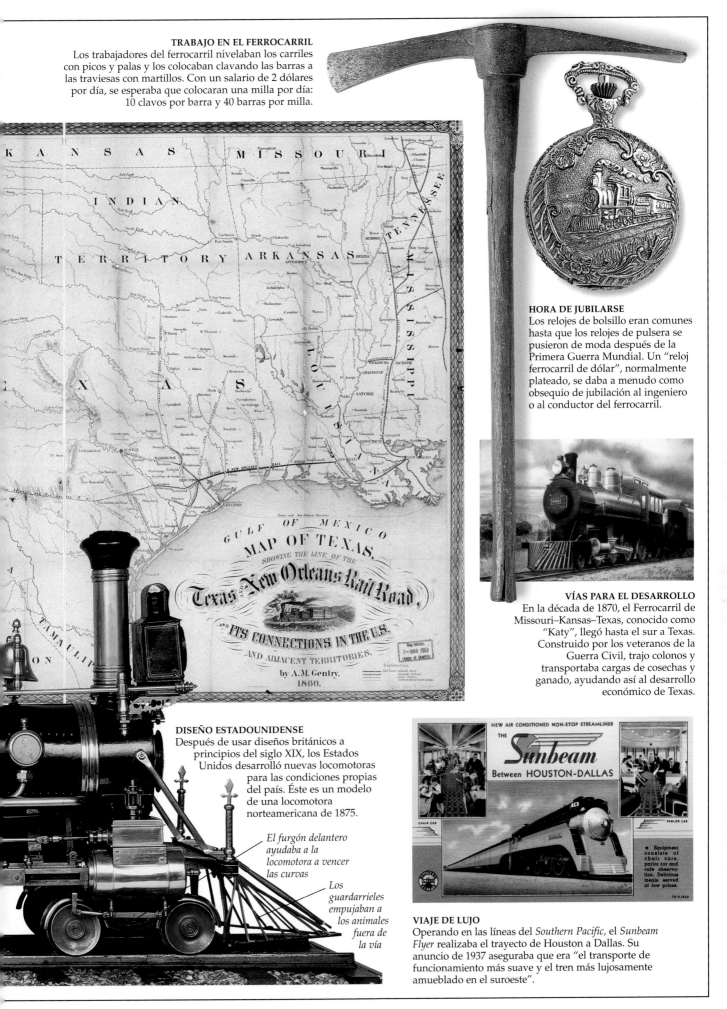

TRABAJO EN EL FERROCARRIL
Los trabajadores del ferrocarril nivelaban los carriles con picos y palas y los colocaban clavando las barras a las traviesas con martillos. Con un salario de 2 dólares por día, se esperaba que colocaran una milla por día: 10 clavos por barra y 40 barras por milla.

HORA DE JUBILARSE
Los relojes de bolsillo eran comunes hasta que los relojes de pulsera se pusieron de moda después de la Primera Guerra Mundial. Un "reloj ferrocarril de dólar", normalmente plateado, se daba a menudo como obsequio de jubilación al ingeniero o al conductor del ferrocarril.

VÍAS PARA EL DESARROLLO
En la década de 1870, el Ferrocarril de Missouri–Kansas–Texas, conocido como "Katy", llegó hasta el sur a Texas. Construido por los veteranos de la Guerra Civil, trajo colonos y transportaba cargas de cosechas y ganado, ayudando así al desarrollo económico de Texas.

DISEÑO ESTADOUNIDENSE
Después de usar diseños británicos a principios del siglo XIX, los Estados Unidos desarrolló nuevas locomotoras para las condiciones propias del país. Éste es un modelo de una locomotora norteamericana de 1875.

El furgón delantero ayudaba a la locomotora a vencer las curvas

Los guardarrieles empujaban a los animales fuera de la vía

VIAJE DE LUJO
Operando en las líneas del *Southern Pacific*, el *Sunbeam Flyer* realizaba el trayecto de Houston a Dallas. Su anuncio de 1937 aseguraba que era "el transporte de funcionamiento más suave y el tren más lujosamente amueblado en el suroeste".

Oro negro

A JUICIO DE MUCHOS en el mundo, el petróleo define el Texas del siglo XX. Gracias al esfuerzo constante del texano Pattillo Higgins, en 1901 se encontró petróleo en Spindletop. El hallazgo fue tan grande que creó el primer *boom* del petróleo. El petróleo dominó la economía de Texas por 80 años, lo cual creó a una industria petroquímica importante. El petróleo de Texas cambió el mundo: se convirtió en la nueva fuente de energía.

LAGO DE PETRÓ[LEO]
El 10 de enero de 1901, un tala[dro] encontró un inmenso lago subterráneo [de] petróleo en Spindletop, cerca [de] Beaumont, Texas. Los pozos produj[eron] 17.5 millones de barriles en 19[...]

El yacimiento de petróleo de Spindletop en 1901

Balanceador

Cabeza de caballo

El rayo ambulante

FUERZAS DE CONTROL
La producción de petróleo en Texas ha bajado de un máximo de 1.26 mil millones de barriles en 1972 a 379 millones en 2001.

Bomba de petróleo

BOMBERO FAMOSO
Paul "Red" Adair, quien se muestra aquí, desarrolló técnicas modernas para controlar desastres de petróleo y se convirtió en el experto más famoso del mundo al resolver aproximadamente 42 crisis anuales.

CONSTRUIDAS PARA RESISTIR

Las perforaciones que se hacen cerca de la costa se construyen con plataformas estables y fuertes para que resistan el mal tiempo. La mayoría de las torres de perforación descansa en el lecho marino en aguas poco profundas. Las torres de Texas se extienden a lo largo de la costa del golfo.

Hebilla de cinturón de metal con naves y plataforma para taladrar

"Si ustedes apoyan mi idea, se volverán millonarios".

PATTILLO HIGGINS
"El profeta de Spindletop"

Broca de tres conos rotatorios

PERFORAR EN BUSCA DE PETRÓLEO

Es necesario taladrar pozos para explorar las posibles reservas de petróleo. Las brocas rotatorias modernas que se usan para taladrar se enfrían y lubrican con una mezcla de agua y arcilla que lleva los fragmentos de piedra a la superficie.

PIONERO Y EXPLORADOR

Texaco comenzó en 1902 como the Texas Company. (Texaco desde 1959) En 1928, vendía en Europa, Asia y África, y en la década de 1930 comenzó a explorar recursos en el Medio Oriente.

Recipiente con muestra de petróleo crudo

On the long trail
with Texaco

THE TEXACO RED STAR AND GREEN T is always with you or just ahead. You are never far from that old, familiar sign.

There you can get Texaco, the volatile gas, with its pick-up, power and mileage; and Texaco, the clean, clear, golden oil— and know what you're getting.

Up and over the scenic trail through a wonderful country on a wonderful day. Texaco carries you safely and surely.

The long trail is a short trail with Texaco in the tank—and the clean, clear, golden Texaco Motor Oil in the crankcase easing the way.

THE TEXAS COMPANY, U. S. A.
Texaco Petroleum Products

TEXACO
GASOLINE MOTOR OIL

Productos derivados del petróleo

Del petróleo crudo se saca mucho más que combustibles, como el diesel y la gasolina para los vehículos y el querosén para los aviones. Las petroquímicas producen plásticos, como el cloruro de polivinilo y politeno, poliéster y nilón para fabricar tejidos, y pulimentos y ceras. El etanol es un solvente que se usa en una variedad de productos desde pinturas hasta perfumes.

Los ingredientes de perfumes pueden combinarse con etanol el cual luego se evapora

El PVC (cloruro de polivinilo) hace que un impermeable sea impermeable

Se usa la cera del petróleo para hacer los creyones

Texas en el siglo XX

EN LA PRIMERA MITAD del siglo XX, los Estados Unidos luchó en dos guerras mundiales, sobrevivió una gran depresión económica y se convirtió en la nación más poderosa del mundo. En la siguiente mitad, construyó la economía más productiva del mundo y generó una inmensa riqueza mientras aprendía a resolver nuevos y viejos problemas. Estas fuerzas influenciaron la vida en Texas.

CHURCHMAN'S CIGARETTES

HOWARD HUGHES

HOMBRE DE MUCHO TALENTOS
El billonario Howar[d] Hughes, quien naci[ó] en Houston, tomó a su cargo la compañ[ía] de herramientas d[e] la familia cuando tenía 20 años. En [la] década de 1930, s[e] dedicó al cine y fue el productor [y] director de varia[s] películas famos[as] Luego, fundó Hughes Aircra[ft] y se convirtió e[n] su propio pilo[to] de pruebas, batiendo vari[os] récords.

Luz lateral con lámparas de querosén

Los modelos de 1913 a 1926 sólo se hacían en negro

Ford Modelo T, 1914

FORD LLEGA A DALLAS
Henry Ford promovió las técnicas de la línea de montaje en la producción de automóviles. El famoso Modelo T, construido en 1909, era confiable y de precio razonable. Además de sus plantas en Michigan, Ford abrió una fábrica en Dallas en 1913.

TEXANOS EN FRANCIA
Más de 198,000 texanos sirvieron en la Primera Guerra Mundial, incluyendo 450 enfermeras. La División 36 de la Infantería de Texas luchó en Francia en la ofensiva de Meuse-Argonne, de octubre a noviembre de 1918, que forzó una retirada alemana conclusiva y ayudó a acabar la guerra.

I WANT YOU FOR U.S. ARMY
NEAREST RECRUITING STATION

the original charleston

MUSIQUE DE Cecil Ma[...] et Jimmy John[...] danse par Josephine Ba[ker] DANS L'HYPER-REV[UE] DES FOLIES BERGÈR[E] "LA FOLIE DU JOU[R]" DE LOUIS LEMARCH[...]

Editions Francis Salabert Paris. Bruxelles. New-York

¡LOS FELICES AÑOS VEINTE!
La década de 1920 vio una revolución social en los Estados Unidos. Comenzaron manías de bailes, como el *charleston*, y en lugares como Dallas hasta había competencias de *charleston*.

EL *DUST BOWL*

Los años de cultivo excesivo seguidos de la sequía dieron lugar a severas tormentas de polvo entre los años 1934 y 1935. Las tormentas levantaron una gran parte de la capa superior del suelo en Oklahoma, partes de Kansas y Colorado y el norte de Texas. Las granjas devastadas y el ganado muerto abundaron en el *Panhandle*.

Cráneo de una res de ganado *longhorn*

LA GRAN DEPRESIÓN

Los granjeros arruinados se sumaron al desempleo de la ciudad hasta 1940. Aquí se muestra a texanos en San Antonio pacientemente esperando en la cola para recibir artículos de primera necesidad.

DILLON & DEXT

LA CAÍDA DE WALL STREET

Desde 1927, el centro financiero de los Estados Unidos vio un tremendo crecimiento. La burbuja estalló el 24 de octubre de 1929. El pánico se impuso y cinco días más tarde el valor de las acciones había bajado 24 mil millones de dólares. Los bancos y las firmas de acciones se derrumbaron dejando a miles de accionistas en la ruina.

Las estrellas de cine de Texas

Numerosas estrellas de cine nacieron o se criaron en Texas. Entre·éstas están Joan Crawford, Audie Murphy, Ginger Rogers, Ann Sheridan y Jayne Mansfield. El director de cine King Vidor nació en Galveston.

UNA FIGURA DEL CINE

Joan Crawford nació en San Antonio. Ocupó un sitial entre las diez estrellas más importantes de Hollywood durante muchos años y ganó un Óscar como la mejor actriz por su papel en la película *Mildred Pierce* en 1945.

Fotografía de Joan Crawford de la Metro Goldwyn Mayer

JOAN CRAWFORD

Audie Murphy, fotografiado en 1950

Cinta de suspensión de seda

Medalla de Honor del Congreso

Medalla del ejército con la Diosa de la Guerra emitida desde 1904

HÉROE DE PELÍCULA

El soldado con más condecoraciones de la Segunda Guerra Mundial, Audie Murphy, nació cerca de Kingston, Texas. Ganó la Medalla de Honor, premio militar más prestigioso de los Estados Unidos, por su extraordinario valor. Después se convirtió en estrella de cine. Hizo 44 películas, muchas de ellas sobre el Oeste.

Continúa en la siguiente página

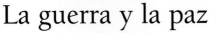

La guerra y la paz

La Segunda Guerra Mundial trajo prosperidad a Texas a través de la producción de suministros de guerra. Esta prosperidad continuó después de 1945 cuando las industrias aeronáuticas, aerospaciales y de defensa se extendieron por la Guerra Fría. Los precios del petróleo cayeron debido a una sobreproducción mundial que ocurrió después de 1979. Al comienzo del siglo XXI, hubo un gran aumento de población y las nuevas industrias de alta tecnología dieron a Texas un crecimiento económico superior al promedio de los Estados Unidos.

Casco pequeño para el reducido espacio en un avión

Casco M4 para la tripulación de avión de los Estados Unidos

VETERANO DE LA GUERRA MUNDIAL
El buque de guerra *U.S.S. Texas* era parte de la Armada del Atlántico en la Primera Guerra Mundial. En la Segunda Guerra Mundial apoyó los desembarcos del Día D en 1944 y los ataques en Iwo Jima y Okinawa en 1945. El buque es ahora un monumento conmemorativo nacional en el Monumento de San Jacinto.

Material especialmente reforzado

"Nosotros vamos a ganar y vamos a ganar la paz que sigue".

FRANKLIN D. ROOSEVELT
Presidente de los Estados Unidos

Chaqueta de 20 libras de peso

La banda blanca se agregó en 1928

Cruz de la Marina de los Estados Unidos

Doris Miller, héroe de Texas

Chaleco a prueba de metralla para la aviación de los Estados Unidos

HÉROE DE PEARL HARBOR
Doris "Dorie" Miller nació en Waco. Él atendía en el comedor cuando su buque fue atacado en Pearl Harbor. Rescató soldados heridos y luego hasta ametralló a los aviones japoneses. Le fue otorgada la Cruz de la Marina y se convirtió en un héroe afroamericano de la Segunda Guerra Mundial.

AL SERVICIO DEL PAÍS
En la Segunda Guerra Mundial, tres cuartos de los 750,000 soldados texanos estaban en el ejército y las fuerzas aéreas. Treinta y tres de ellos, incluyendo cinco mexicoamericanos, ganaron Medallas de Honor. Más de 80,000 afroamericanos de Texas estaban en servicio. Muchos comandantes de los Estados Unidos nacieron en Texas, entre ellos, el Almirante Nimitz, quien comandó la Armada del Pacífico desde 1941.

I LIKE IKE

★ ★ ★ ★ ★

El apodo de Eisenhower en el ejército era "Ike"

Botón de la campaña electoral de 1952

El General Eisenhower

OFICIAL AL MANDO
Dwight D. Eisenhower nació en Denison, Texas. Fue el Comandante Aliado Supremo de la invasión de Europa en 1944 y comandante de la OTAN desde 1951 a 1952. Como candidato republicano ganó la presidencia en 1952 y 1956. Acabó la Guerra de Corea pero continuó la política anti-comunista de la Guerra Fría.

YOUTH FOR KENNEDY

ASESINATO EN DALLAS
John F. Kennedy ganó la elección presidencial en 1960 por un margen de diferencia escaso. El 22 de noviembre de 1963 fue asesinado mientras visitaba Dallas.

"Let Us Continue.."
—LYNDON B. JOHNSON

a Better Deal for You and America...

JOHNSON   HUMPHREY

ELECT Johnson AND Humphrey

PRINTED BY ATLANTA PRINTING CO. INC. NEW YORK CITY   INTERNATIONAL LADIES GARMENT WORKERS UNION 1964 CAMPAIGN COMMITTEE, 1710 BROADWAY, NEW YORK CITY

VICTORIA ARROLLADORA
El vicepresidente de Kennedy, Lyndon B. Johnson, nació en Stonewall, Texas. Después de suceder a Kennedy en 1963, él y Hubert Humphrey ganaron la elección de 1964 con una victoria arrolladora. Johnson consiguió la aprobación de la importante legislación de los derechos civiles y lanzó su programa anti-pobreza de la Gran Sociedad.

ÉXITO ELECTORAL
La familia Bush vino desde Connecticut a Texas en 1948 e hizo una fortuna perforando pozos para explorar zonas de petróleo. George W. Bush se crió en Midland y participó en los diferentes aspectos del negocio del petróleo. Sirvió dos períodos como gobernador del estado. Fue elegido presidente en 2000 y asumió el mando en 2001.

EVAS TECNOLOGÍAS
la década de 1980, Texas sufrió una baja en la industria del róleo. Sin embargo, las poblaciones muy cultas de ciudades no Houston (arriba), Austin y Dallas-Fort Worth atrajeron npañías de alta tecnología y negocios especializados en ovación. El noroeste de Dallas recibió el sobrenombre de *icon Prairie*, como saludo al *Silicon Valley* de California.

La agricultura y la pesca

CAMINO A DALLAS
Durante el siglo XIX, se conducían al norte grandes manadas de ganado hacia los ferrocarriles en Kansas o Missouri. Hoy en día, el ganado todavía se conduce hacia los mercados de las ciudades principales de Texas, especialmente en Fort Worth y Dallas.

EL SUELO FÉRTIL Y el clima templado hacen de Texas un lugar ideal para el cultivo. Aquí crece casi cualquier tipo de alimento: desde trigo, maíz y arroz hasta frutas cítricas y uvas. También se cultivan algodón y rosas, y muchos tipos de verduras. El ganado, en particular reses de carne y de leche, se cría en grandes cantidades en los inmensos ranchos. En las costas del Golfo de México, los pescadores recogen mariscos y una gran variedad de peces.

Toro
Hereford

GANADO DE PRIMERA CALIDAD
Aunque Texas es famoso por su ganado *longhorn*, actualmente la mayor parte del ganado que se cría es ganado *shorthorn* (cuerno corto) o Hereford. Estas razas son muy preciadas por su carne de primera calidad.

Ternero
Hereford

Vaca
Hereford

INDUSTRIA PESQUERA
La ciudad costera de Aransas Pass es conocida como la "Capital de los camarones de Texas". Su flota comercial pesquera desembarca una gran cantidad de camarones. También se pescan cangrejos, ostras, huachinangos y lenguado.

BUEN VINO

Las primeras vides de uva en Texas fueron plantadas por los monjes españoles cerca de El Paso en 1662. Hoy en día, se produce más de un millón de galones de vino en las 26 viñas principales del estado.

Viñedos Fall Creek cerca de Austin

CENTRO DE LOS CÍTRICOS

Las partes más bajas del valle de río Grande producen una gran parte de los cítricos que se venden en los Estados Unidos. Su clima templado es ideal para el cultivo de toronjas, naranjas y limones.

"Debo decir sobre lo que he visto de Texas que es el jardín del mundo, es la mejor tierra y tiene las mejores perspectivas para la salud que vi jamás".

DAVID CROCKETT

VERDURAS Y FRUTAS

Entre las muchas verduras que se cultivan en el estado están las zanahorias, papas y guisantes. También se cultivan los chiles jalapeños, tomates y aguacates.

SUPERCEBOLLA

La excelente cebolla dulce de Texas crece hasta alcanzar un tamaño enorme. Es famosa por su sabor dulce. Se usa a menudo para hacer el chili de Texas.

ALGODÓN DEL LLANO

Las llanuras del norte y centro de Texas son el área principal de la industria de algodón texano. El Condado de Lubbock recoge más de 3 millones de balas de algodón al año.

AGUA PARA EL TRIGO

El área de las llanuras altas del noroeste de Texas es la principal productora de trigo del estado. Los granjeros usan las aguas subterráneas para irrigar sus inmensos campos.

EL MAÍZ

El maíz crece en el sur del estado. Es el ingrediente principal para hacer tortillas y totopos, o *chips,* tan populares en la comida *Tex-Mex.*

RECOLECCIÓN DE LA COSECHA

Recolectar la cosecha era una actividad laboriosa que requería la colaboración de toda la familia. Hoy en día, se usan máquinas segadoras que han facilitado el trabajo.

CAPITAL DE LAS ROSAS

La ciudad de Tyler, al este de Texas, es conocida como la "Capital de las rosas de los Estados Unidos". Allí crece aproximadamente un quinto de todos los rosales que se venden en el país.

Alimentos para todos

EL PLATO ESTATAL de Texas es el chili: un estofado de carne en salsa picante de chiles, cebollas y especias. Pero Texas tiene una amplia variedad de comidas: la comida *Tex-Mex* en el sur, comidas *cajun* como el gumbo de camarones en el este, comidas "caseras" como el *chicken-fried steak* (bistec frito) en el norte y barbacoas en todo el estado. Los inmigrantes de muchos otros países también han traído su propio arte culinario.

BISTECS GIGANTES
El restaurante Big Texan Steak Ranch en Amarillo te ofrece un bistec de 72 onzas de peso gratis, si puedes comerlo en una hora. ¡Este bistec es un poco más pesado que la guía telefónica de Nueva York!

CARNE AHUMADA
Cuando los colonos alemanes llegaron a Texas, trajeron el método de conservar la carne mediante el ahumado lento. La deliciosa barbacoa de Texas se deriva de este método. La carne de res es la carne asada más popular, pero también se usa la carne de cerdo.

"La barbacoa es una cosa seria en Texas y es una parte integral de nuestra identidad estatal".

VIRGINIA B. MADERA
en el *Austin Chronicle*

Utensilios para la barbacoa

Langostino

Langosta

PESCADO Y MARISCOS
Los lagos y ríos de Texas y el Golfo de México proporcionan suficientes peces y mariscos como alimento. Los camarones frescos son especialmente populares, como lo es la langosta, el cangrejo de río, las ostras, los ostiones y los huachinangos.

Camarones

SABOR ARDIENTE
El condimento principal que se usa en la comida *Tex-Mex* es el chile. Hay muchas variedades, como el jalapeño, el guajillo y el serrano. El jalapeño es el chile estatal de Texas.

Chiles picados

Casi todos los chiles se vuelven rojos al madurar

EN BUENA COMPAÑÍA
El arroz se acostumbra servir como acompañamiento de muchas comidas *Tex-Mex*. A menudo se mezcla con trocitos de pimiento español.

PAN Y QUESO
El pan de maíz hecho de la harina de maíz es muy popular en Texas. Puede servirse con muchas comidas, incluso con esta crema de queso.

CON FRIJOLES
Los frijoles refritos son el acompañamiento más común en la comida *Tex-Mex*. Los frijoles son fritos y majados. Se pueden servir rociados con queso y hierbas.

La comida *Tex-Mex*

La comida *Tex-Mex* es la versión texana de la comida mexicana. Es popular en el sur de Texas. Los ingredientes básicos incluyen harina de maíz y de trigo, tortillas, frijoles, tomates, cebollas, chiles jalapeño, carne y salsa bien picante.

CALIENTE Y PICANTE
El *Tex-Mex* y el curry mexicano están hechos con chiles jalapeños. Estos peces pequeños se han cocinado en una salsa picante para hacer un curry picante de pescado.

Totopos (Tortilla chips)

ROLLADOS LLENOS
Las enchiladas son tortillas de maíz que envuelven un relleno de carne o queso. Se cubren a menudo con una salsa picante de tomate.

AGUACATE Y TOTOPOS
El guacamole se hace de aguacate majado, ajos y otros condimentos. Algunas recetas incluyen la pulpa de tomate o mayonesa. El guacamole se come a menudo con totopos o *tortilla chips*.

Tortillas plegadas

Centro de comando, Houston

DESPUÉS DE QUE UN COHETE se lanza al espacio desde Cabo Cañaveral en Florida, la atención se vuelve hacia el Centro Espacial Lyndon B. Johnson en Houston. Aquí, el centro de comando planea, guía y dirige los vuelos de todas las misiones espaciales de los Estados Unidos. Éstos incluyen los viajes del transbordador espacial y de los satélites que exploran más allá del Sistema Solar. Además, los astronautas reciben entrenamiento en el centro espacial, y se desarrolla el equipo espacial para mantener a los Estados Unidos como líder de la exploración espacial.

CREACIÓN PRESIDENCIAL
La Administración Nacional de Aeronáutica y del Espacio, o NASA, por sus siglas en inglés, fue creada por el presidente Eisenhower en 1958. La NASA dirige el Centro Espacial Lyndon B. Johnson en Houston.

ESPACIO SIMULADO
Los aprendices de astronauta pasan por un largo entrenamiento en Houston antes de que se les permita ir al espacio. La máquina de Cinco Grados de Libertad simula la ingravidez del espacio.

El astronauta tiene libertad para moverse en cualquier dirección

MAX 100 KG

La silla flota por encima del suelo para simular el movimiento en el espacio

SPACE SIMULATOR

CENTRO DE COMANDO
El Centro de la Nave Espacial Tripulada se inauguró en 1961. En 1973, su nombre cambió a Centro Espacial Lyndon B. Johnson en honor al ex-presidente quien ubicó el centro en Houston.

EL TRANSBORDADOR
La NASA ha desarrollado un transbordador espacial para uso repetido. El primer transbordador se lanzó en 1981. Desde entonces, ha habido más de 100 vuelos exitosos.

Insignias que conmemoran las misiones del transbordador espacial

COHETE SIN ESTRENAR

El Parque Rocket que está fuera del Centro Espacial está lleno de equipo desechado por la NASA. Aquí está el cohete Saturno 5, que fue construido para la misión al espacio del Apollo 18 que fue cancelada.

DISEÑADOS PARA EL ESPACIO

Los diseñadores de la NASA pasan mucho tiempo diseñando trajes para el espacio que sean seguros y cómodos a la vez. William Anders llevó este traje a bordo del Apollo 8 cuando orbitó la Luna en 1968.

La tripulación trabajó y durmió en el módulo de comando, la única parte de la misión que regresa a la Tierra

MISIÓN A LA LUNA

En julio de 1969, el Centro Espacial guió al Apollo 11 en su viaje a la Luna y de regreso a la Tierra. Mientras Michael Collins orbitaba la Luna en la cápsula Apollo, Neil Armstrong y Buzz Aldrin aterrizaron el módulo lunar Eagle en su superficie a las 4:17 p.m. el 20 de julio.

Modelo del Centro Espacial Euro, Transinne, Bélgica

*"Houston, base de Tranquilidad aquí.
El Eagle ya alunizó".*

NEIL ARMSTRONG
Alunizaje en la Luna, 20 de julio de 1969

Traje de presión con varias capas

57

La música y el baile

Texas es uno de los mejores estados en los Estados Unidos para la música. Hay muchos estilos diferentes para escoger: la música *blues* y *country*, *western swing*, jazz, la influencia española en la música *Tex-Mex* y Tejana, la música *cajun* de habla francesa, el *zydeco* de Luisiana y la música *rock*. Muchos músicos famosos nacieron y se criaron en Texas, llevando su estilo particular de música por todo el mundo.

REVOLUCIONARIO
El saxofonista Ornette Coleman nació en Fort Worth en 1930. Usaba la libre expresión y revolucionó el jazz introduciendo una nueva forma conocida como el jazz libre.

EL TOQUE ESPAÑOL
La música en español, en particular la mexicana, es muy popular en Texas. Este mural en San Antonio muestra un guitarrista y una bailarina de la música mexicana tradicional. Otros estilos hispanos de música y baile, como el *Tex-Mex* y Tejano, también son muy populares.

LA MÚSICA TEJANA
La música a base de guitarra y acordeón conocida como *Tex-Mex* ha evolucionado recientemente en una forma conocida como la música Tejana. Selena Quintanilla-Pérez era una famosa cantante de esa música. Nació en Lake Jackson en 1971.

MÚSICO INFLUYENTE
Blind Lemon Jefferson era un famoso cantante ciego de *blues*. Nació en Couchman, al este de Texas, el 11 de julio de 1897. Jefferson influenció a muchos músicos de *blues* posteriores con su manera de tocar la guitarra.

CANTANTE EXTRAORDINARIA
La cantante Janis Joplin nació en Port Arthur el 19 de enero de 1943. Su potente voz y presencia en el escenario demostraron que las mujeres podían competir a un mismo nivel que los hombres en la música *rock*.

MÚSICOS DE *ROCK*
Muchos músicos famosos de *rock* nacieron en Texas. Entre ellos están el cantante Roy Orbison, la Steve Miller Band, ZZ Top y Don Henley, el compositor principal de *The Eagles* (Los Águilas). Actualmente, Austin y otras ciudades principales son el hogar de bandas importantes.

LOS GRILLOS CANTORES
El guitarrista y cantante Buddy Holly nació en Lubbock el 7 de septiembre de 1936. En 1957 formó el grupo *The Crickets* (Los Grillos). Logró éxitos internacionales como *That'll be the Day*, *Peggy Sue* y *Oh Boy*.

Texas es famoso por la música *country*,
en particular el estilo conocido como
Western o *Texas swing*. Originalmente
Bob Wills y sus
Playboys de
Texas hicieron
esta música
popular.

GET ABOARD
The Band Wagon

m·g·m's
TOP
Color by **Technicolor**
musical

starring
ASTAIRE ★ CYD CHARISSE
LEVANT · **Nanette FABRAY** · JACK BUCHANAN
with JAMES MITCHELL Story and Screen Play by BETTY COMDEN and ADOLPH GREEN
Songs by HOWARD DIETZ and ARTHUR SCHWARTZ
Produced by VINCENTE MINNELLI Directed by ARTHUR FREED
A METRO-GOLDWYN-MAYER PICTURE

TACONES DORADOS
Ann Miller nació en
Houston en 1923.
Empezó su carrera como
bailarina del estilo
norteamericano de
zapateo y se convirtió en
estrella de 40 películas
y actuaciones en
Broadway, incluyendo
You Can't Take it with You.
Éstos son sus zapatos
dorados de zapateo.

**ESTRELLA CON
TALENTO**
La bailarina Cyd
Charisse nació en
Amarillo en 1921. Su
talento, belleza y piernas
largas la convirtieron
en estrella de muchas
películas, como *Singing
in the Rain* con Gene
Kelly y *The Band Wagon*
con Fred Astaire.

**LA POPULAR
CUADRILLA**
Un baile tradicional de
vaqueros, todavía popular en Texas, es la
cuadrilla (*square dance*) o baile de figuras.
Cuatro parejas forman un cuadrado y bailan
cambiando de compañero en una serie de
movimientos exclamados por un líder.

El espíritu deportivo

LOS TEXANOS AMAN LOS DEPORTES y miles de ellos van a los estadios para ver a su equipo favorito de fútbol americano, básquetbol, hockey o béisbol. Los equipos de escuelas secundarias y de universidades atraen grandes cantidades de espectadores, entre ellos están los evaluadores de talento que observan detenidamente para descubrir las prometedoras estrellas del futuro. No todos los atletas son tan conocidos como Lance Armstrong o pueden jugar tantos deportes como Babe Didrickson, pero todos son estrellas del deporte en la opinión de sus devotos aficionados texanos.

"Cuando un equipo de Texas entra al campo para jugar contra otro estado, parece un ejército abanderado".

JONATHAN RABAN
Escritor

Casco de fútbol americano

Fútbol americano

Uniforme de fútbol americano

EN EL RODEO

El rodeo es un deporte popular por todo Texas, con miles de personas que vitorean eventos como la carrera entre barriles (que se muestra aquí), jinetear sin silla, la lucha con novillos y lazar terneros.

El jinete tiene que correr alrededor y entre tres barriles

PROFESIONALES DEL ESTADO

Todas las semanas del otoño, miles de estudiantes en escuelas secundarias y universidades juegan en sus equipos de fútbol americano. El estado tiene dos equipos profesionales: los Cowboys de Dallas y los Texans de Houston, un equipo formado recientemente.

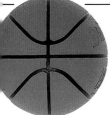

Básquetbol

RÉCORD DE CAMPEONATOS

Desde 1997 hasta 2000, las Comets de Houston ganaron cuatro campeonatos consecutivos de la Asociación de Básquetbol Nacional de Mujeres. Dos de los equipos de hombres, los Rockets de Houston y los Spurs de San Antonio también han sido campeones.

Red de básquetbol

ATRO VECES

exano Lance Armstrong ganado cuatro años nsecutivos la Tour de ncia, la última en 2. Su logro es aún s notable ya que en 7 se encontraba tratamiento tra el cer.

ATLETA FAMOSO

El famoso atleta Carl Lewis era miembro de los Cougars de la Universidad de Houston. Ganó nueve medallas Olímpicas de oro incluyendo las cuatro que ganó en los Juegos de Los Ángeles en 1984.

Carl Lewis después de su primera medalla de oro que ganó en la carrera de 100 metros en Los Ángeles, 1984

Éste es un bate de principiante. Los bates que se usan en las Grandes Ligas son de madera sólida

ATRACCIÓN MASIVA

Texas tiene dos equipos de las Grandes Ligas de béisbol: los Astros de Houston y los Rangers de Texas. Ambos equipos de las Grandes Ligas atraen muchos aficionados a sus juegos. Además, Texas tiene varios equipos universitarios y de otras ligas.

Parches de los equipos de béisbol

Bate de béisbol

La pelota se cubre con cuero de caballo o de vaca, sin curtir

Lance Armstrong en los Juegos Olímpicos de 1996 en Atlanta

Pelota y guante de béisbol

Celebraciones

UN DESFILE
En la tercera semana de abril, San Antonio celebra su historia española y mexicana con una fiesta. Hay fiestas callejeras, desfiles, bailes y otras funciones.

En TEXAS RARAMENTE PASA UNA SEMANA sin una fiesta, una feria o un desfile. Los texanos celebran su historia, folklore y las culturas de las muchas diferentes personas que viven en el estado, así como su ganadería, sus cultivos y, por supuesto, su comida. La Feria Estatal de Texas es la más grande del país. Muchos pueblos celebran sus propios eventos locales, mientras que las fiestas nacionales, como el Día de Acción de Gracias y el Día del Trabajo, también se celebran.

Big Tex tiene más de 50 pies de alto

LA CENA CON PAVO
El cuarto jueves de noviembre, los texanos, como muchos estadounidenses, preparan un pavo para la cena de Acción de Gracias. Los Peregrinos celebraron su primera cosecha exitosa en 1621.

FESTIVAL DE LAS FRESAS
En abril, el pequeño pueblo de Poteet, al sur de San Antonio, celebra la cosecha de las fresas. Éste es uno de los muchos festivales de comida que celebra Texas a lo largo del año.

LA ROSA DE TEXAS
Desde 1933, el pueblo de Tyler tiene un desfile y festival anual de la rosa a mediados de octubre. Toda la atención se enfoca en la Reina de las Rosas de Tyler, quien es coronada en una ceremonia elaborada. Luego hay un baile en su honor.

BIG TEX
Cada año durante tres semanas a fines de septiembre y comienzos de octubre, Dallas es la anfitriona de la Feria Estatal de Texas. La estatua gigante del vaquero *Big Tex* ha sido el símbolo de la feria desde comienzos de la década de 1950.

DÍA DE LA INDEPENDENCIA

Como todos los demás en los Estados Unidos, los texanos celebran la fiesta nacional del 4 de Julio, Día de la Independencia. Éste es el día cuando en 1776, las 13 colonias declararon su independencia de Gran Bretaña.

El 4 de Julio se celebra a menudo con un despliegue de fuegos artificiales

OKTOBERFEST

Fredericksburg y otros pueblos en el centro de Texas tienen un festival el primer fin de semana de octubre. Se celebra en reconocimiento de los muchos colonos alemanes que vinieron a vivir allí.

GRAN *POW WOW*

El primer fin de semana después del Día del Trabajo, a comienzos de septiembre, los indígenas norteamericanos del Medio Oeste y Suroeste se dirigen a Grand Prairie. Ellos tienen un *pow wow* estupendo para celebrar su cultura.

FIESTA DEL 19 DE JUNIO

A mediados de junio, los texanos celebran *Juneteenth*, la conmemoración del decreto del 19 de junio de 1865 en Galveston, que liberaba a los esclavos al final de la Guerra Civil. El presidente Lincoln emitió la Proclama de Emancipación original en 1862.

CINCO DE MAYO

El 5 de mayo, los texanos conmemoran la batalla de Puebla en México. En esta batalla, en 1862, los mexicanos derrotaron al ejército invasor francés. Hoy las celebraciones incluyen abundante comida *Tex-Mex*.

Índice

AB

Abilene 10, 42
acantilado Caprock 12
Adair, Paul "Red" 46
afroamericanos 38, 39, 40, 50
águila de cabeza blanca 13
aguililla cola roja 14
agujón 18
alambre de púas 43
algodón 10, 33, 36, 52
alimentos 54-55
Amarillo 12, 54, 59
anexión de Texas 36, 37
armadillo de nueve bandas 8
Armstrong, Lance 60, 61
Armstrong, Neil 57
astronautas 56
Austin 7, 14, 16, 22-23, 51, 53, 58
Austin, Stephen 23, 30, 31
bahía de Matagorda 29
baile 59; *charleston* 48; cuadrilla 59
banderas 6, 8, 36, 38; Batalla de la Confederación 38; Estrella Solitaria 36; Estrellas y Barras 38
Beaumont 46
Big Tex 62
Big Texan Steak Ranch, 54
Big Thicket 17
billetes de banco "redbacks" 37
billetes de banco "greenbacks" 39
Borden, Gail 31
bosques Piney 17
Bowie, Jim 35
buccino relámpago 8
búfalo 25, 26, 27
Bush, George W. 51

C

caballos 28, 30, 31, 33, 40, 41
Cabeza de Vaca, Álvar Núñez 28
cactus *claret cup* 15
Caída de Wall Street 49
caimán americano 17
caminos 31, 42-43
campo abierto 42
cañón Seminole 18
cañón Santa Elena 19
capitolio de Texas 22
carnero cimarrón de cuernos grandes 15
carretas 31; provisiones 42

cebolla dulce de Texas 8, 53
Centro de comando 56
Centro Espacial Lyndon B. Johnson 7, 56
chachalaca 16
Charisse, Cyd 59
charros ganaderos 40
chicalote 18
Cinco de Mayo 63
Clay, Henry 37
clima 20; satélites 21
cohete *Saturno* 5 57
Coleman, Ornette 58
colonias 29, 30, 31
colonos 30-33, 36, 44, 54, 63
Confederación 6, 38
conquistadores 28, 29
Cordillera El Capitán 15
cornejo 17
Coronado, Francisco Vásquez de 28
correcaminos 14
Costa del Golfo 17, 37, 47
Crawford, Joan 49
Crockett, David 35, 53
Cross Timbers 10
Cruz de la armada 50
Cuenca Llano 12, 22
culebra de nariz larga 15
cultivo 32, 36, 44, 49, 52
cultura cajun 54, 58
cultura Tex-Mex 53, 54, 55, 58, 63

DEF

Dallas 6, 16, 44, 48, 51, 52, 62; los Cowboys de 60
deportes 60-61
desierto de Chihuahua 14
Día de Acción de Gracias 62
Día de la Independencia 63
Día del Trabajo 62, 63
Didrickson, "Babe" 60
diligencia 37
Dust Bowl 49
Eisenhower, Dwight D. 51, 56
El Álamo 34-35; Batalla de 35
El Paso 14, 20, 24, 36, 53
Emancipación, Proclama de 63
empresarios 30
esclavitud 34, 38, 63
España 6, 28, 30, 34
Estrella Solitaria 6, 8, 36
exploración espacial 56-57
Ferguson, M. A. 23
Feria Estatal de Texas 62
ferrocarril 44, 45; *Houston & Texas Central* 44; *International-Great Northern* 44;

Missouri–Kansas–Texas 44, 45; *Southern Pacific* 44, 45; *Texas & New Orleans* 44
festival de las fresas 62
festivales 62-63
Flipper, Henry Ossian 39
Ford, Henry 48
Fort Worth 10, 51, 52, 58
Francia 6, 28, 48
Fredericksburg 63
frontera 28, 32, 33, 34, 40

GHI

gallardía 13
Galveston 20, 49, 63
ganado 7, 32, 42, 44, 49, 52; Brahma 42; Hereford 52; St. Gertrudis 42
ganado *longhorn* 9, 42, 52
Glen Rose 10
Glidden, Joseph 43
gobernador del estado 23, 51;
Golfo de México 16, 18, 20, 21, 29, 52, 54
Goliad 34
grama *"sideoats"* 8
grama azul o zacate navajita 10
Gran Depresión 49
Grand Prairie 10, 63
Grandes Llanuras 12-13, 28
grulla cantora 16
Guerra Civil 38-39, 42, 44, 63
Guerra con México 36, 37
gusano del camote 14
haciendas 7, 33, 40, 42, 43, 44, 52
halcón peregrino 18
Harrell, Jake 23
Henley, Don 58
Hidalgo, Miguel 34
Higgins, Pattillo 46, 47
Holly, Buddy 58
Houston 6, 7, 16, 37, 44, 48, 51, 56, 59; Astros 51; Comets 61; Rockets 61; Texans 60
Houston, Samuel 35, 38
Hughes, Howard 48
huracanes 20, 21
husos horarios 6, 14
Independencia de los Estados Unidos 63; Mexicana 34; Texana 35, 36
indígenas norteamericanos 24-27, 28, 32, 63; apaches 24, 26; caddos 24; cheroquíes 24, 27; choctaws 24; coahuiltecans 24; comanches 24, 26, 27;

kiowas 24, 25; piros 24; pueblos 28; tonkawas 27
inmortal 12
Ira 10

JKL

javalí 16
Jefferson, Blind Lemon 58
Johnson, Lyndon B. 51
Joplin, Janis 58
Juneteenth o Fiesta del 19 de junio 63
Kennedy, John F. 51
King, Richard 42
La cabaña del Tío Tom 38
La Salle, René-Robert Cavelier, Sieur de 29
lagartija astada de Texas 8, 18
Lamar, Mirabeau 23
lechuza llanera 13
Lewis, Carl 61
liebre grande de cola negra 10
Lincoln, Abraham 38, 39, 63
Llanuras Centrales 10-11, 12, 20
Llanuras Costeras 16-17
Llanuras Onduladas 10
locomotoras 45
Lubbock 12, 32, 58
lupino azul 8, 12

MNO

maíz 52, 53
malva *fringed poppy* 12
Mansfield, Jayne 49
mansión 23
mapache 12
mariposa amarillo limón 12
mariposa *daggerwing* 14
mariposa monarca 8
mariposa *zebra swallowtail* 16
Medalla de Honor del Congreso 49
merlín 13
meseta Edwards 12
México 6, 12, 14, 16, 18, 25, 26, 28, 34, 35, 36
mexicomericanos 40, 50
Miller, Ann 59
Miller, Doris "Dorie" 50
misioneros 24, 28
misiones 24, 30
modelo T 48
murciélago mexicano 8, 22
Murphy, Audie 49
música 7, 22, 58-59
música en español 58
música mexicana 58
música Tejana 58

NASA 7, 56, 57
nave espacial *Apollo* 57
Nimitz, Almirante 50
nopal 8
Orbison, Roy 58
oso negro americano 18

PQ

palmera petrificada 8
Panhandle 7, 12, 24, 28, 49
Parker, Quanah 27
Parque Estatal de Dinosaur Valley 10
Parque Nacional Big Bend 18, 19
Parque Nacional Guadalupe Mountains 15
paso Aransas 52
pato silbón 18
pacana 9
perca de Guadalupe 8
perro de la pradera de cola negra 10
pesca 52
petróleo 7, 10, 46-47, 50, 51
pico Guadalupe 14
Pike, Zebulon 29
pincel indio 17
pinturas murales 18
Playboys de Texas 59
población 6, 22, 32, 36, 50
Poteet 62
pow wow 63
Primera Guerra Mundial 48
puente de la avenida Congress, Austin 22
puma 18
Quintanilla-Pérez, Selena 58

R

rana de San Antonio 16
rana toro 11
rata de madera mexicana 15
ratona desértica 14
República de Texas 6, 22, 23, 36-37
reserva natural de Aransas 16
reservaciones 25, 26
río Arkansas 29
río Colorado 10, 22
río Grande, o río Bravo 14, 18-19, 29, 36, 53
río Red 10, 16, 29
roble macrocarpa 10
Rocket Park 57
rodeo 60
Rogers, Ginger 49
Roosevelt, Franklin D. 50
rosas 52, 53, 62

S

salvia azul 12
San Antonio 6, 16, 35, 37, 49, 58, 62; los Spurs de 61
San Jacinto 34, 35; Monumento 35, 50
Santa Anna 34, 35
sapo excavador mexicano 16
Segunda Guerra Mundial 49, 50
serpiente de cascabel diamante del Oeste 12
serpiente del maizal 11
Sheridan, Ann 49
Siete Ciudades Legendarias de Cibola 28
sillas de montar 33, 41
símbolos del estado 8-9
sinsonte 9
Soto, Hernando de 27, 29
Spindletop 7, 46
Steve Miller Band 58

TUV

tasajillo o cactus de Navidad 19
Taylor, General Zachary 37
Tejanos 30, 34
Texaco 47
Texas Hill Country 12
Texas Rangers 32, 34; equipo de béisbol 61
tiranosaurio 10
topacio 8
tornados 20
toronja roja 8
tortuga mordedora caimán 17
Travis, William 35
trigo 52, 53
Tyler 53, 62
U.S.S. Texas 50
Unión 38-39
Universidad de Houston 61
Universidad de Texas 22
vaqueras 41
vaqueros 40-43, 59
Vidor, King 49
viñedos 53

WXYZ

Waterloo 23
Wills, Bob 59
zopilote cabecirrojo 16
zopilote negro 11
zorro gris 10
ZZ Top 58

Reconocimientos

The publishers would like to thank the following for their kind permission to reproduce their photographs:

Position key: a=above; b=below; c=center; l=left; r=right; t=top

American Museum of Natural History: 5tc, 5tr, 26c, 26tl, 26tc, 27tl, 27c. Bridgeman Art Library: 63bl. British Museum: 30tc; 39tl. Cadbury Trebor Bassett: 4cr. Confederate Memorial Hall: 38bla, 39bc. Corbis: 1c, 6bc, 6tl, 6cl, 7bc, 7tr, 8tr,11tc, 15tc,16tr, 17tr, 19c, 20br, 22c, 22tr, 23br, 23cl, 23tl, 23tr, 24c, 24cl, 24tr, 25bl, 27cr, 32tl, 34bc, 35br, 35tl, 37br, 39c, 42tl, 43tr, 44cr, 45bc, 46bl, 47tl, 48br, 49tr, 50bc,

51bc, 52tl, 53br, 53tlb, 54tr, 57tl, 58tr, 59tc, 60tl, 61c, 61cl, 62br, 63bc, 63tl, 63tr; Austin American Statesman/Corbis 58cl; Bettmann/Corbis 2tr, 20tr, 24bc, 25br, 27bc, 27tc, 31tr, 46br, 46tc, 47cr, 49br, 50bl, 51tl, 58cr, 59tl, 59tr; David J. & Janice L. Frent Collections/Corbis 51tr, 51cr; Joseph Sohm: ChromoSohm Inc/Corbis 18tl; Lake County Museum/Corbis 14tl, 42bl, 50tl; Mosaic Images/Corbis 58tl; Stapleton Collection/Corbis 25tc. Eurospace Centre, Transinne, Belgium: 57cl. H. Armstrong Roberts 9tc, 20cl, 35c, 51bl, 62tl. Hulton Archive/Getty Images: 22tl, 29bc, 30ca, 48bc, 52br, 56cr, 58c, 58bc. Imperial War Museum:

50tr, 50cr. Jerry Young: 2bl, 10cr, 17br. Mary Evans Picture Library: 26tr, 30tr, 32cr, 32tr, 38tl. NASA/NASA-GSFC: 21bl. National Maritime Museum: 28cl. National Railway Museum: 45cra. Natural History Museum: 2cr, 2br, 8bla, 8bl, 8cl, 8c. NHPA: 10c, 10cl, 12tr, 13tl, 14br, 15bl, 18cra, 19tr. Oxford Scientific Films: 8ca, 13cl, 17cr. Peter Newark's Pictures: 25c, 27br, 28bc, 28tr, 28tl, 29bl, 29tr, 31tl, 34c, 34cr, 34cl, 35cl, 35tr, 35bc, 36bla, 36tl, 37c, 38cl. 39br, 42cl, 42tr, 45cr, 49cl, 51c. Ronald Grant Archive:48tr, 49bl. Scott Foresman: 6c, 8tl. Science Museum: 44bc, 57cr. Science Photo Library/NCAR: 20c. Spink & Son Ltd: 49cr. Texas State Library & Archives Commisson:

4cra, 36cl, 37cra, 37cr, 44cl, 44c. Wallace Collection: 28cr. Warren Photographic: 9cr. Warwick Castle: 29tc.

All other images © Dorling Kindersley.

Jacket:
Chansley Entertainment Archives: Frank Driggs Collection front cra; Corbis: D. Boone front bc; Christie's Images front bl; Darrell Gulin front cr; Larry Lee Photography back tc, front tc; DK Picture Library: Eurospace Centre, Transinne, Belgium front c; Hulton Archive/Getty Images: front cr; Oxford Scientific Films: back cla; Royalty Free Images: Photodisc/David Buffington front cl.